改正・日本国憲法

講談社＋α新書

はじめに——安倍首相の「憲法改正が歴史的使命」

二〇一三年八月一二日、安倍晋三《あべしんぞう》首相は地元の山口県を訪れ、長門《ながと》市で開かれた地元後援会の会合で「将来の憲法改正に向けてがんばっていく。これが私の歴史的な使命だ」と熱弁をふるった。これがいまの安倍晋三氏の熱い決意である。

かつて二〇〇六年九月二六日、国民の圧倒的人気を背景に、安倍氏が首相に就任。安倍政治の軸は憲法改正だった。

安倍氏は自由民主党総裁選挙の立候補所見の第一番目に「新たな時代を切り開く日本に相応《ふさわ》しい憲法の制定」を明記していた。そのため私は、憲法改正を後押しする意味から、二〇〇六年一一月、『新憲法はこうなる　美しいこの国のかたち』（講談社）を出版した。本書はそれに大幅に加筆、古くなった情報を捨て、新しい状況を解説し直したものだ。

その安倍氏が、二〇一二年九月、自民党総裁選挙に挑戦・勝利し、二度目の総裁に就任した。その後、衆院選に圧勝し、民主党政権は崩壊、自民党が政権の座に就き、安倍総裁が首相に再登板することとなった。安倍氏が首相となった自民党は、二〇一三年の東京都議会議員選挙と参院選挙でも圧勝し、その結果、いよいよ憲法改正が現実味をおびてきた。

安倍氏は二〇一二年九月一四日、自民党総裁選挙の所見発表演説で、

「本来なら、独立を回復した六〇年前、占領時代と決別して日本の伝統文化を基に新しい憲法をつくるべきでした。安倍内閣で憲法改正の手続法である国民投票法を成立させました。いまこそ、この橋を渡って私たちの手で憲法をつくるべきであります」

と述べた。同じく石破茂《いしばしげる》氏は、

「私は憲法を改正したいと思っています。いまの憲法では日本は独立主権国家とは思えない。前文に『平和を愛する諸国民の公正と信義に信頼して、われらの安全と生存を保持しようと決意した』とあるが、外国に自国の安全と生存を委《ゆだ》ねる国がどこにあるのか。さらに、国家緊急事態について憲法のどこを読んでも書いてありません。だから、独立主権国家に相応しい憲法をつくっていきたい。日本は日本が守る。そのことを国民に正面から語らねばならない」

と述べた。石原伸晃《いしはらのぶてる》氏は、野党自民党の幹事長の立場で「新憲法草案」を見直した関係から、

「わが党は、二〇一〇年に決めた党綱領を『御旗《みはた》』に選挙戦を戦います。いの一番は党是《とうぜ》である憲法改正です。平成一七年の『新憲法草案』をブラッシュアップし、保利耕輔《ほりこうすけ》党憲法改正推進本部長などの努力によって、二四年の『憲法改正草案』をまとめました。この三年間の路線をしっかりと守り、さらに時代を前に進めないといけません」

と述べている。

また、安倍自民新総裁の総裁選公約には、こうある。

〈【日本の誇り　憲法改正・教育再生に全力】

・新憲法の制定…「国のかたち」の明確化と「国家システム再構築」

・国民の意思により「変えられる憲法」へ…憲法九六条の改正〉

ところが、「新憲法制定」、あるいは「憲法改正」を主張すると、「戦前の軍国主義を復活させ、再び日本を破滅に陥らせる考え方だ」とか、「国民を弾圧し、政府のいいなりにさせようとする企《くわだ》てだ」などと批判を投げかける向きがある。その急先鋒が、護憲派組織「九条の会」である。

「九条の会」には、その背後に、社民党（社会民主党）と共産党の存在がある。両党は、社会主義、共産主義が、ソ連の崩壊によって幻想に終わったことで、国民世論の左派離れと憲法改正への高まりに危機感を抱き、「平和」と「反米」をセットにして、「九条改正反対」運動を展開しているのである。

哲学者の田中美知太郎《たなかみちたろう》氏の「憲法に『平和』と書けば、『平和』になるのであれば、憲法に『台風は日本には来るな』と書けばよい」という有名な言葉があるが、北朝鮮による日本人拉致《らち》事件、ミサイル発射、核実験といった平和を脅《おびや》かす事態が次々に起きているのが現実だ。

『日本共産党の戦後秘史』（産経新聞出版、二〇〇五年）を著し、そのなかで「日本共産党は、一貫して拉致問題の究明を妨げてきた」と主張するのは、元共産党員の兵本達吉《ひょうもとたつきち》氏である。

「九条の会」や、そのバックに君臨する共産党、社民党は、自衛隊の海外派遣や日米安保体制の強化には声高《こわだか》に反対する。しかし、北朝鮮による一連の暴走、中国の軍事力増強には、これといって大きな反対運動を起こそうとしない。

さらに兵本氏は、日本共産党のイラクへの対応について次のように述べている。

「日本共産党は、（中略）最近のイラク戦争でも分かりにくいことを言っていた。『戦争反対、平和を守れ』と言う。それは、戦争が始まると、子供、女性、老人がまず犠牲になるからだという。そう言って、集会を開き、デモ行進をしている。

しかし、日本共産党は、イラクのサダム・フセインが、イラクの子供、女性、老人を殺害し、数千人のクルド人を毒ガスで大量殺戮《さつりく》しているときに、一度でもデモや集会をしたことがあっただろうか。

『アメリカは、早く戦争を終結せよ』と言う。どうして『フセインは早く降伏せよ』『フセインは早く国外へ逃亡せよ』と言わなかったのか。日本共産党が『平和を守れ』と言う時、『サダム・フセインを守れ』と言っているように聞こえた」

私たちは、こういった「偽りの平和主義」を唱える人々の主張に惑わされてはならない。

いま、憲法に関する書籍を購入しようと書店に足を運べば、書架には、左派的文化人や学者の書いた、憲法第九条や第九六条の改正、あるいは自民党の「日本国憲法改正草案」に批判的なものが多数を占めている。

そこで、本書を急遽《きゅうきょ》出版したわけだ。

いっぽう諸外国においては、つねに自国の憲法を見直し、その時代時代に合ったものにしようと、国民の憲法に対する熱意や関心を背景にして、努力を重ねている。

日本のように、制定後、ただの一度も改正されたことがない憲法は、世界中を見渡してみても、極めて異例といわざるを得ない。

さて、一九七八年、筆者は「プライドある日本」をつくろうと思い、「憲法改正を党是とする自民党のなかで仕事をすれば必ず自分の想いは実現できる」と、自民党本部に奉職した。

その想いはいまでも変わらない。

奉職後、総裁選挙への党員参加による予備選挙の仕組みづくりや、全国の支部組織、党員研修などを担当し、その後、政務調査会において、憲法、とくに安全保障を中心とする分野に深く携わってきた。

一九九三年の政変で自民党が野党に転落した一一ヵ月間は、当時の橋本龍太郎《はしもとりゅうたろう》政務調査会長の下で、政務調査会長室長を務めた。

「一刻も早く自民党が政権復帰しなければ、憲法改正への想いが遠ざかる」——そんな危機感を抱きながら、体を壊すまで仕事に打ち込んだ。

そして、二〇〇三年一一月の衆議院議員選挙の自民党「政権公約（マニフェスト）」の策定にも深く関与し、「立党五〇年を迎える二〇〇五年に憲法草案をまとめ、国民的議論を展開する」と明記。あるべき国家理念として国際社会から尊敬され、国民誰もが誇りに思う品格ある国家を目指し、守るべき国柄《くにがら》と伝統をしっかりと見極めた新憲法をつくることを国民に約束、発信することとなった。

長年、憲法に関わり、現在は政務調査会調査役として、外交、安全保障、防衛、インテリジェンス（情報）などを担当、与党では、安全保障に関するプロジェクトチームの事務方を務めている。憲法は、まさに筆者のライフワークである。

二〇〇五年一一月、自民党の「新憲法草案」が発表され、憲法改正が現実味を帯びた段階に入ったことは、筆者にとって本当に感慨深いものがあった。その後、民主党政権で野党となった自民党（谷垣禎一《たにがきさだかず》総裁）は、二〇一二年四月、「日本国憲法改正草案」を発表した。想えば、自民党本部奉職時の総裁は、福田赳夫《ふくだたけお》首相であった。

本書は、自らの人生を憲法改正の実現にかけ、実際の政治の舞台で、多くの防衛関連法制の策定や「新憲法改正草案」の起草に深く関わった立場から書いたものである。学者やジャーナリストの「憲法はこうあるべきだ」という観点からではなく、「新しい憲法はズバリ、こうなる」という、読者がいま一番知りたがっている内容となるように、講談社の間渕隆《まぶちたかし》氏に叱咤激励《しったげきれい》されて、何度も原稿を書き直し、やっと完成に漕《こ》ぎ着けた。

憲法改正は間違いなく安倍政権下で実現するだろう。安倍首相が二〇〇六年一〇月末にアメリカのCNNやイギリスのフィナンシャル・タイムズ紙に答えたインタビューでも、「任期中に憲法改正を目指したい」と述べ、具体的な改憲スケジュールを示し、強い意欲を見せていた。その気持ちは、挫折から這《は》い上がり再登板した安倍首相のなかで、より一層強くなっている。

目次◉改正・日本国憲法

第二章　護憲派の偽善

第三章　憲法論議がタブー視された時代

第四章　憲法論議が活発化した背景

第五章　憲法改正で実現する「美しい国」

第六章　新憲法はこうなる「早わかり憲法改正Q&A50」

第一章　憲法改正論議——これだけ読めば納得

憲法は国民ではなく国家を律する

いま、盛んに憲法論議が行われている。

憲法とは何か？　おきて、国の基本となる法、すなわち根本法、国の最高法規である。

憲法は、国家機構がどういう制度を通じて正当性を付与されるか、国家機構はその権力を使ってどこまで国民を規制できるのか、さらには、国家機構は最低限、国民に何をしなければならないのかを定めたものだ。

最近、立憲主義という言葉が声高《こわだか》に言われるようになった。立憲主義とは、政府の統治を憲法に基づき行う原理で、政府の権威や合法性が憲法の制限下に置かれていることに依拠するという考え方である。

憲法は、国民を律するためのものではなくて、国家機構を律するためのものだ。

また憲法は、権力の濫用《らんよう》を防ぎ国家権力を縛るもの、国民の権利を権力から守るものだ。

そして、国家権力を統制し、国民の人権を守り、幸福追求権を保障するもの。

さらに憲法は、国民各人が幸福に暮らすために存在する手段であり、憲法そのものが目的とはならない。憲法を使って、いかに我々が幸福になるかということだ。

憲法を駆使して、我々は、どうやって幸せになるのか――これが大切なことである。

戦後ドイツの憲法改正は五九回

憲法は、たとえば上着だと考えればいい。
自身の体が大きくなって、上着が小さくなったら、別の上着に取り換えないといけない。それが憲法なのだ。そういう意味では、憲法を改正するというのは、時代の変化に合わせて国家がより良くなるための当たり前のことと考えたらいいのだ。

憲法は、我々が使う道具。使い勝手が悪ければそれを改良していけばよく、そのために憲法改正する必要がある。だから世界の国々は、時代の要請に即した形で憲法改正している。戦後の主要国の改正回数は、アメリカが六回、フランスが二七回、イタリアは一六回、そしてドイツは五九回も行っている。

どこの国も、常に自分たちの国の憲法を見直して、その時代に合ったものにしようと努力を重ねている。日本のように、一度も改正したことがないというのは、世界的に見ても極めて特殊な現象と言わざるを得ない。

日本には、憲法を守っておけば世の中すべてハッピーになるというような論調があるが、憲法は目的を達成するための手段・道具であり、憲法を守ることだけを目標にする考え方は間違いだ。「憲法守って国滅ぶ」とならないようにしよう。

史上初めて国民がつくる憲法

一九四六年に日本国憲法が制定されて以来、国内外の情勢が大きく変化した。科学技術の進歩や少子高齢化の進展、グローバリズムなど、新たな課題の波が押し寄せてきている。

その結果、現行憲法は、現実にそぐわない部分が多くなってきている。これまで日本は、憲法を自在に拡大解釈しながら、何とかその寿命を延ばしてきたが、解釈の限界を超えるケースも増え、実状と矛盾《むじゅん》する条文も多々ある。

ところで、明治時代に制定された大日本帝国憲法は近代国家建設の礎《いしずえ》として歴史的意義を持つものであるが、その草案は当時の元老や官僚の手によって起草されたものだ。そして日本国憲法も、占領政策の一環として、GHQ（連合国軍総司令部）が短期間でつくった、言わば「アメリカ製」である。

つまり、いずれも国民が自ら定めたものとは言えない。二一世紀、そして平成のいま、日本史上初めて、国民投票によって、国民自らの手で憲法を選び取るときが来たのである。

では、憲法がつくられるときはいつか？　通例では、革命が起きたとき、国が独立したとき、日本のように敗戦時、あるいは国家的な大事件の直後に憲法が生まれることが多い。

だから、将来生じる新しい事態に対処できるように、できるだけ抽象的に、少ない語数で、かつ、国民に希望を持たせるように起草されるのである。

憲法は神様がつくったものではない。我々、人間がつくるものとしての限界と、その時代状況の制約というものがある。そこをよく考える必要があるわけだ。

憲法前文の意味

憲法というのは国家権力を縛るもので、こういう国をつくりたいとか、特定の価値を宣言するとか、そういう思想書的なものではないといった意見がある。

しかし憲法の前文とは、その国の理念や精神を述べたもので、物語で言う「プロローグ」に当たる。現行憲法では、国民が憲法制定権力（憲法を制定する権利）の持ち主であることを宣言したうえで、制定の目的や基本原理が書かれているが、諸外国の前文を調べてみると、その内容は、国によってまちまちである。

たとえば、中国——。

中国の憲法は冒頭で、「中国は、世界で最も古い歴史を有する国家の一つである。中国の各民族の人民は、共同して輝かしい文化を創造し、光栄ある革命の伝統を持っている」と謳《うた》い、その後は、長々と、建国の父と呼ばれる毛沢東《もうたくとう》氏の偉大さや功績をつづっている。

一方、アメリカの憲法の前文は、わずか一文のみ。制定の目的を簡単に記しただけの非常にシンプルなものだ。

なかには、制定の年月日を書いただけの、前文なしの憲法を持つ国もある。

前文というのは、極めて重要な部分である。

明治時代は、欧米先進諸国に追いつこうと、国内の経済発展と共に、軍事力を強化しようとする「富国強兵」が、国家目標として掲げられていた。しかし、それが、太平洋戦争の敗戦で完全に挫折した。

そして、戦後はもっぱら、経済的な豊かさの追求のみに力点を置き、その結果、世界第二位（現在、第三位）の経済大国になったが、同時に、政治家や官僚のモラルが低下し、日本を代表する企業が不正を働き、教育者は青少年の模範としての使命感をなくし、青少年の凶悪犯罪が世間を騒がしている。

物質的には豊かになったものの、それだけに熱心であったために、精神的な豊かさは疎《おろそ》かになってしまい、自分の利益を中心に考えて、他人の利益は考えない利己主義が横行している。

その結果が、たとえば「二〇一三年世界幸福度レポート」に表れている。アメリカのコロンビア大学が調査したものだが、これだけ経済的に豊かになったにもかかわらず、日本は一五六ヵ国中四三位だ。

いま、まさにこれまでのような経済的な豊かさの追求に代わる国家目標を前文に定め、それを国民がしっかりと共有する必要があるのだ。

新聞によって違う憲法報道の裏側

さて読者のなかで、日本国憲法を全部読んだことがある人は何人くらいいるだろうか。意外と少ないはずだ。だから憲法論議が話題にのぼると、大部分の国民は、テレビや新聞などのマスコミ報道を見て、「あ、なるほど」と影響を受けてしまう。

しかし、自ら憲法の勉強をキチンとすると、学者の主張や新聞報道の違いなどもわかってくる。憲法報道には、イデオロギーに基づいた非常に偏《かたよ》ったものがある。

たとえば、新聞各紙を見ればわかるが、憲法についての考え方が新聞社によって大きく違うのだ。

憲法改正を主張しているのが、読売新聞、産経新聞、それに日本経済新聞。そして、憲法改正に反対なのは、朝日新聞、毎日新聞で、近年は東京（中日）新聞も猛烈な憲法改正反対の論陣を張っている。

新聞のこうした主張の違いを知らないで、一つの新聞だけを読んでいると間違う。新聞は事実だけ報道するのではなくて、主張を持っているからだ。

それは「社説」を見ればハッキリする。五月三日の憲法記念日の新聞各紙の社説を並べてみたらいい。事実を見極めるには、一つの新聞だけではなくて、いくつかを読み比べてみることだ。

日本国憲法の最大の特徴は天皇

日本の憲法の特徴は何か？　世界中の憲法、その国ごとに特徴がある。

日本の守るべき国益というのは何か？　それは我々国民が幸福な生活を営むということ。それと日本国家を継続すること。

それともう一つある。これは憲法にも書いてある。日本国憲法の第一章の天皇——。

〈第一条
天皇は、日本国の象徴であり日本国民統合の象徴であつて、この地位は、主権の存する日本国民の総意に基く〉

二〇一二年の総選挙で「国防軍」が話題になった。

週刊誌「アサヒ芸能」から、私のところに取材依頼が来た。ちょうど選挙の最中、自民党の憲法第九条改正の「国防軍」のテーマが問題になり、「国防軍」と憲法改正問題について、特に安全保障について解説して欲しいといわれた。

「アサヒ芸能」（一二月二〇日号）では私の記事が大きく掲載された。最初の小見出しが「日本の国益とは天皇である」だった。

そして、記事は以下のように続く。

〈慶應大学大学院で「日本の安全保障講座」を一四年担当、九一年から二一年間、自民党政務調査会で日本の安全保障・防衛政策の策定や法律の立案に携わり、「安保の田村」と呼ばれる田村重信氏が語る。

「国益は守らなければなりません。

では、日本にとって何が国益かと言えば、それは、平和と繁栄の継続だと思います。なぜ日本が長きにわたって継続できているか、それは天皇陛下の存在があります。天皇陛下は日本にしかおられません。天皇陛下は、みずからのことよりも国家・国民の安《あん》寧《ねい》だけを一心に考えてこられました。

戦後、象徴となったのちも国民の支えであり、国家の柱としてあり続けています。

このことは、日本人として誇りとすべきです。だから、日本国憲法の第一章が天皇となっているのです〉

世界の首脳が天皇に会いたい理由

敗戦直後、日本政府が最も関心を寄せていたのが天皇制の維持だった。

日本が戦争で負けて、初めて天皇陛下がGHQの最高司令官ダグラス・マッカーサー元帥《げんすい》にお会いに行かれたときのこと。そのときにマッカーサー元帥はビックリした。天皇陛下が、「私は、国民が戦争遂行するにあたって、政治、軍事両面で行ったすべての決定と行動に対する全責任を負うものとして、私自身を、あなたの代表する諸国の裁決に委ねるため、お訪ねした」とおっしゃったからだ。

「この戦争のすべての責任は自分にある」、そして「自分はどうなってもいい。ただ、日本国民を飢えさせないでほしい、救ってもらいたい」とおっしゃった。

国のトップリーダーというのは、敗戦の際には、亡命などをしたり、自らの命乞いをしたりする。ところが天皇陛下はされなかった。

マッカーサーは、これだけの人物を戦争責任で裁いて絞首刑にでもしたら、そのとき日本人は死にもの狂いで戦ってくるのではないかと思った。それで天皇制を残すことにした。

だから「マッカーサー・ノート」（マッカーサーが示した新憲法草案の三原則）では、明確に天皇制の維持を謳っていた。

当時の陸軍参謀総長であり、後にアメリカの第三四代大統領を務めるドワイト・アイゼンハワーは、マッカーサーに、「天皇に戦争責任があるかどうか調査しなさい」との手紙を送った。それに対しマッカーサーは、「天皇制を廃止すれば、国民は大混乱し、日本は瓦解《がかい》する。私は天皇に戦争責任はないと思う」といった内容の書簡を返した。

「占領政策を円滑に遂行するためには、天皇制は、そのまま存続すべき」とマッカーサーは考えていたのだ。

こうした天皇陛下のような素晴らしい存在は世界にない。だから世界各国の大統領や首相などの賓客《ひんきゃく》は、天皇陛下に謁見《えっけん》したがるのである。

国家の安全を守れない現憲法前文

日本国憲法の問題点は、憲法前文だとよく言われている。

いまの憲法の前文には、

「日本国民は、恒久の平和を念願し、人間相互の関係を支配する崇高《すうこう》な理想を深く自覚するのであつて、平和を愛する諸国民の公正と信義に信頼して、われらの安全と生存を保持しようと決意した」

とあり、それはすなわち、「世界中の人々を日本は信用していますよ」という素晴らしい文言《もんごん》であるのだという人がいる。

それは言い換えると、「日本だけが悪い国で、周辺諸国はすべて良い国です。日本さえ戦争を起こさなければ世界は平和です」ということになる。

ところがどうか。北朝鮮による日本人拉致事件を思い出してほしい。二〇〇二年九月一七日、小泉純一郎《こいずみじゅんいちろう》首相が平壌《ピョンヤン》に乗り込んでいったら、金正日《キムジョンイル》総書記は、「日本人を拉致しました」と認めたではないか。また二〇一三年三月には、北朝鮮が日本に対する核先制攻撃に言及し、米軍基地がある横須賀、三沢、沖縄がミサイルの射程圏内にあると恫喝《どうかつ》してきた。

すると日本には、ミサイルが撃たれたらそれを防御し反撃する軍事的な方法が必要となる。それでも「諸国民の公正と信義に信頼」できるのか。

外に出掛けるとき、あるいは寝ているときに、自分の家の玄関のドアに鍵を掛ける。しかし、いまの憲法の前文では、「泥棒さん、あなたを信用しています」という紙を玄関のドアに張って、鍵は掛けないでいるようなもの。憲法前文の異常さを感じる部分だ。いまの時代、この憲法前文の考え方では通用しない。

日本国憲法の最大の欠陥とは何か

日本国憲法の最大の欠陥は、平和時に何をするかについてたくさん書いているが、いざ戦争になったり、いざ有事になったりしたときにどうするかについては、何も書いていないことだ。

戦争をどう防止するか？　そのための軍隊の規定がない。

総理大臣が欠けたときに誰が代わりをするかという規定もない。

非常事態になったときにどうするかという規定も欠けている。

非常事態とは、多くの場合、戦争、内乱、大規模暴動、大恐慌などの経済的混乱、さらには自然災害、伝染病蔓延《まんえん》などを指す。

大日本帝国憲法（明治憲法）には、こうした場合を想定して、非常事態に関する規定があった。言うまでもなく、国家の独立、国民の生命と財産を守ることは、極めて重要な政治の責務だ。しかし現在の日本国憲法には、非常事態における包括的な原則が記されていない。これは憲法が、国民生活の混乱に対し、何もできないことを意味する。

台湾で大地震があったとき、当時の李登輝《りとうき》総統は、非常に手際よく地震対策を行った。なぜ李総統は、そのような対応をとることができたのか？

その最大の理由は、中華民国憲法に記された非常事態対処規定にある。

中華民国憲法第四三条には、こうある。

〈国家に天災、疫病が発生し、又は国家財政経済上重大な変動があり急速な処分を必要とする場合は、総統は、立法院休会期間中にあっては、行政院会議の決議を経て緊急命令法により、緊急命令を発布し、必要な処置をとることができる。但《ただ》し命令発布後一ヵ月内に立法院に提出して追認を求めなければならない。立法院が同意しないときは、その緊急命令は、直ちに効力を失う〉

憲法のなかにこうした規定があって、非常事態の際は軍隊をどう動かすか、あらかじめこうした訓練が行われていれば、それなりの地震対策ができるということになる。

だからこそ、「日本国憲法改正草案」には、緊急事態に関する規定を書いた。

外部からの武力攻撃、内乱等による社会秩序の混乱、地震等による大規模な自然災害など、法律で定める緊急事態において、内閣総理大臣が緊急事態を宣言し、これに伴う措置《そち》を行えることを規定した。

集団的自衛権はどうなる

「自衛隊は、軍隊ではない」という点について詳しく説明する。

憲法第九条は、自衛権を認め、戦争放棄、戦力不保持を規定している。政府の第九条解釈は、「我が国が独立国である以上、憲法第九条は、主権国家としての我が国固有の自衛権を否定するものではない」ということになっている。

戦争の放棄については、1項で国際紛争を解決する手段としての戦争、武力による威嚇《いかく》、武力の行使を放棄すると規定している。そして2項で、戦力の保持を禁止している。だから、戦力である軍隊は存在しないことになっているのだ。

そして、自衛隊の存在については、第九条1項の解釈で、「独立国家に固有の自衛権までも否定する趣旨のものではなく、自衛のための必要最小限度の武力を行使することは認められている」とすることから、自衛のための必要最小限度の組織である自衛隊は、「武力の行使ができる組織」ということになるわけだ。

「文藝春秋」（二〇一二年一〇月号）に、元内閣法制局長官の阪田雅裕《さかたまさひろ》氏が〈憲法の番人が語る「日本国憲法の限界」〉と題して「九条解釈」について述べていた。「自衛隊は違憲ではない」「海外での武力行使はできない」、この二点に尽きると。これを踏まえて集団的自衛権は行使できないということになるわけだ。

「集団的自衛権を認めることは、日本国民に現実に危害が及んでいないのに、よその国にでかけて行って戦争できることになる」と。そして、たとえばオーストリア憲法は、国際法では認められている軍事同盟に加入する権利を否定しているとも言う。

自衛隊についての政府の説明は、「日本は独立国なのだから自分の国を守る権利（自衛権）がある。日本を守るための必要最小限度の実力組織は持っていい。それがイコール自衛隊だ」というもの。しかし憲法第九条は、戦力は持てないとなっている。そこで、戦力というのは軍隊を指すのだから、軍隊に当たらないその手前の必要最小限度の実力組織＝自衛隊ならいいという話である。

憲法改正すれば、こうしたややこしい議論がなくなり、集団的自衛権も他国と同じように行使が可能となる。

海外派遣の自衛隊の武器使用は

現在の憲法のもとで困るのは、自衛隊がＰＫＯ（国連平和維持活動）などで外国に行った際、軍隊として扱われること。にもかかわらず、外国の軍隊と同じような武器の使用権限がないということだ。自衛隊は軍隊ではないから、海外における武力行使はしてはいけないという縛りがあるのだ。

だから変なことが出てくる。

ＰＫＯで海外に行く。そうしたらイギリス軍から助けてもらうこともあるだろう。ではその逆に、イギリス軍が困っているときに、日本の自衛隊が武器を持って助けに行けるかというと、行けないのだ。それは、海外における武力行使になるのではないか、と……。

また、ＰＫＯの際に任される仕事を実行するための武器使用も制約されている。一般的に国連で定めている任務遂行のための武器使用は、普通、どこの軍隊もできるのだが、日本の自衛隊はできない。それをやると海外での武力行使に当たる恐れがあるから、それもまたできないということなのだ。

自衛隊が軍隊として憲法に明記されないことで、おかしなことがたくさん出てくるわけだ。そして一番おかしいのが、国内と国外で自衛隊の立場が違うことだ。

日本の国会で「我が国には軍隊はあるのか」と聞かれた場合、「ない」という答弁になる。それは佐藤栄作《さとうえいさく》首相の答弁にも、「自衛隊を、今後とも軍隊と呼称することはいたしません。はっきり申し上げておきます」（一九六七年三月三一日）という形で表れている。

これがそのまま、一九九〇年（一〇月一八日）の中山太郎《なかやまたろう》外務大臣の答弁では、「自衛隊は、憲法上必要最小限度を超える実力を保持し得ない等の厳しい制約を課せられております。通常の観念で考えられます軍隊ではありませんが、国際法上は軍隊として取り扱われておりまして、自衛官は軍隊の構成員に該当いたします」となる。

また小泉純一郎首相も、二〇〇一年一〇月、同様の発言をしている。

自衛隊は、国際法上軍隊として扱われている一方、日本国内では軍隊ではなく、二種類の扱いを受けている——ここが一番重要なところである。

日本の憲法では「軍隊ではない」、でも「外国から見れば軍隊だろう」、ただし「国内では政府解釈上、軍隊ではない」ということになる。ここをきちんと整理するのが、今後の憲法改正の最大の課題なのだ。

お隣の韓国や中国でも、当たり前に、国家として軍隊があり、憲法にも明記されている。それを日本も同じようにする。

自民党は従来から「自衛隊を憲法に軍として位置づける」ことが大事だと主張してきた。二〇一二年の総選挙の政権公約に「憲法改正により自衛隊を国防軍として位置づけます」と明記した（名称については、先の二〇〇五年の「新憲法草案」では自衛軍だった）。

自民党は、平和主義をはじめ、憲法の三大原則は堅持する。したがって、憲法改正したから、いきなり戦争する国になるとか、侵略戦争を起こす国になるとか、軍事大国になるとか、文民統制をなくすとか、そうした心配はない。

自衛隊を軍にしたら防衛予算が急激に増えるという意見もあるが、そんなことはない。現在の厳しい日本の財政事情から考えれば、政治的にはとてもできない。憲法改正したからといって、防衛費を急激に増やして、軍事大国化するということはありえない。
戦後、日本は平和国家として歩んできた。英国放送協会（ＢＢＣ）の調査でも、二〇一二年は「世界に良い影響を与えている国」の一位である。

国防軍でも徴兵制にはならない

自民党は、憲法改正により、自衛隊を国防軍として位置づけることを公約に掲げた。すると民主党は、国防軍の問題を意図的に取り上げ、あたかも自民党が戦争を引き起こすかのような発言を繰り返してきた。また民主党は、自民党は右傾化したと批判しているが、憲法第九条改正に反対なのかどうか、それが不明だ。

野田佳彦《のだよしひこ》前首相は自身の著書『民主の敵』（新潮新書、二〇〇九年）において、「実行部隊としての自衛隊をきっちりと憲法の中で位置づけなければいけません。（中略）自衛隊（Self Defense Force）などといっているのは国内だけで、外国から見たら、日本軍（Japanese Army, Japanese Navy, Japanese Air Force）です」と記している。これは自民党の主張とまったく同じだ。

憲法を改正して、自衛隊を国防軍にしたからといって、「文民統制」は変わらず、憲法の「平和主義」や「戦争の放棄」も、まったく変わらない。

また、国防軍にしたからといって「徴兵制」を導入するようなことはない。現代では、軍は高度な専門性が求められており、世界各国も現在の自衛隊と同様に「志願制」に移行しつつある。

また「国防軍」という名称に関しては、「自衛軍」「防衛軍」など、様々な候補があったが、国際的には、「○○国軍」(○○Army, Navy, Air Force など)、「国防軍」(Defense Force) が標準的な名称であり、それに合わせた。

現在の自衛隊の英訳は、Self Defense Force。しかし、この英訳では「国を守る」という本来の趣旨が伝わりにくい(自分自身を守るように聞こえる)ということで、同様の英訳になる「自衛軍」よりも、国際標準の「国防軍」を提案したのだ。

国防軍で何が変わるのか

「FLASH」から私に取材が来た(二〇一三年四月一六日号に掲載)。

「国防軍に変わることによって、何がいままでと変わってくるのですか?」

これに対する私の回答はこうだ。

「自衛隊を憲法に『軍隊』として明記すると何が変わるのか。国連憲章で認められている武器、つまり外国の軍隊と同じ武器を使用した武力行使が可能になるのです。もちろんこれは、日本から外国に戦争を仕掛けるのではなく、日本の防衛を強化するという話です」

　二〇一二年末の総選挙の最中にもいろいろな問い合わせが来たが、そのなかの女子大学生からの電話を紹介する。

「東日本大震災で、自衛隊は本当に素晴らしい活躍をしました。今度は国防軍になって、戦争をするようになるんですか」――。

　自衛隊の一番の任務というのは何か？　災害対応か、外国と戦争をすることか……。

　答えは、「外国から攻撃をされたときに、武器を持って命がけで戦うこと」。

　そして平時には、災害派遣や救援輸送も行う。だから、自衛隊がいま何の訓練をしているかというと、それは日本を守るための訓練をしている。

　憲法改正して国防軍にしたからといって、これまで災害派遣をしていた自衛隊がいきなり戦争をするようになるという話ではない。

　もともと外国からの武力侵攻に備え日本を防衛するのが自衛隊。これが一番大事な任務なのだ。

　すなわち、憲法が変わったからといって急に勇ましく戦争する国になる、軍備を拡張する、極端な軍国主義になる、あるいは徴兵制になる、そんなことはない。

　名称について、自民党は国防軍を提案したが、それは自衛軍という名前でもいい。自衛隊が軍隊なのだということをきちんと憲法に明記することこそが大事なのだ。

憲法改正手続きはなぜ厳しいのか

日本国憲法は硬性憲法と呼ばれている。反対語は軟性憲法。軟性憲法とは、通常の法律の改正手続きと同じように改正できるというものだ。

わが国では、法律は原則として、衆参両院の出席議員の過半数の賛成で改正できる。それよりも厳格な改正手続きが必要な憲法を硬性憲法というわけだ。

日本の憲法改正は、衆参両院の総議員の三分の二以上の賛成で国会が発議し、国民投票で過半数の賛成を得ることによってようやく行うことができる。

「総議員」「三分の二以上」「国民投票」の三点の縛りがあり、憲法改正手続きは、通常の法律改正手続きよりも厳しくなっている。

ちなみに、不磨《ふま》の大典と呼ばれる大日本帝国憲法（明治憲法）は、「勅命ヲ以《もっ》テ議案ヲ帝国議会ノ議ニ付」し、「両議院ハ各々其ノ総員三分ノ二以上」が出席し、「出席議員三分ノ二以上ノ多数ヲ得ルニ非サレハ改正」できないものと規定されていた。国民投票はない。

戦後の諸外国の憲法改正回数は、先述の通り、アメリカが六回、ドイツは五九回、フランスは二七回、イタリアは一六回、また、カナダは一九回、韓国は九回である。

戦後、時代が大きく変化すれば、憲法を見直し改正していくのが当然のこと。それが日本においては、憲法制定以来七〇年近くもの間、いまだに占領軍がつくった憲法を改正していない。これは極めて異常なことである。

いま、日本の憲法改正手続きは諸外国の例から見て厳しいという説と、そうでないという意見がある。

私の答えは、「日本の憲法改正のハードルは異常に厳しい」ということになる。

なぜ、厳しいのか？　それは、日本の憲法はアメリカがつくったからだ。日本を弱体化しようという観点から、憲法改正をしにくくした。まずそこを押さえておく必要がある。

日本国憲法は、日本が敗戦後、連合国に占領され完全な主権がない時代に、GHQの了解の下に制定された。そこには、GHQによる、連合国が了解した憲法を、占領解除後も将来にわたって簡単には変えさせないという意図があった。

憲法第九六条改正の重要性とは

次に、憲法第九六条の話をしたい。

憲法第九六条、これは憲法の改正規定だ。

〈この憲法の改正は、各議院の総議員の三分の二以上の賛成で、国会が、これを発議し、国民に提案してその承認を経なければならない。この承認には、特別の国民投票又は国会の定める選挙の際行はれる投票において、その過半数の賛成を必要とする〉

だから、結局、衆議院と参議院の三分の二以上の賛成がないと、憲法改正の発議ができない。発議ができないと、国民の多数がどんなに憲法改正をしたいと思っても、憲法改正するための国民投票ができない。

それでいま、なぜ憲法第九六条が話題になっているのか？

この部分の「日本国憲法改正草案」の改正条文は、

「この憲法の改正は、衆議院又は参議院の議員の発議により、両議院のそれぞれの総議員の過半数の賛成で国会が議決し、国民に提案してその承認を得なければならない。この承認には、法律の定めるところにより行われる国民の投票において有効投票の過半数の賛成を必要とする」

としており、衆参各議院の議員の「三分の二以上」の賛成から「過半数」の賛成に改めている。

その基本的な考えは、憲法改正は主権者である国民が最終的に多数決で判断するものだから、その前の手続きである国会の発議要件を厳格にすることは、主権者である国民の判断の機会を奪うものではないか、というものだ。

自民党の場合は、憲法全文の改正条文案をつくり、そのなかに現行憲法の第九条や、前文、各条項などの改正案が含まれている。当然、第九六条の改正案も入っている。自民党は第九六条改正だけを提案しているというわけではない。

安倍晋三首相は憲法第九六条改正について、どう考えているのか。「国会のいずれかの議院で、三分の一をわずかに超える議員が反対したら、憲法改正の機会は失われる」――これは、国民の良識を信頼していない考え方ではないか、と感じているのである。

憲法改正の肝は国民投票

憲法改正手続きにおける国民投票は、発議後最短二ヵ月から最長六ヵ月以内に行われるので、その期間、国民の議論に付され、いろいろな議論がなされる。

また、国会に国民投票広報協議会が置かれ、賛成意見および反対意見については公平を期して広報する。

その期間中は、国民による賛成・反対の国民投票運動は原則として自由に行われ、そのうえで国民投票が行われ、過半数が賛成すれば憲法改正が実施される。

これだけ慎重を期した手続きの下で行われる憲法改正——国民の判断、その良識に期待すべきではないか。また、そうであれば、国会の発議には、必要以上に厳格な手続きを求める必要はないと考えてもおかしくないのである。

一方、憲法改正の実質的な議論をしないで、憲法改正の手続き規定だけを改正するのはおかしいという意見もある。改正規定も憲法の規定の一つであり、それを先行的に改正するのがおかしいというのなら、まさに国民の判断を国民投票で仰げばいい。

自民党は、「日本国憲法改正草案」を全文発表し、憲法改正の具体的な方向性は明確にしている。それに比べて民主党などは、いまだに具体的な憲法改正案を提示せず、批判を繰り返すだけだ。

「日本国憲法改正草案」の概要

自民党は、結党以来、「現行憲法の自主的改正」を「党の使命」に掲げてきた。占領体制から脱却し、日本を主権国家にふさわしい国にするため、これまでも憲法改正のための多くの提言を発表してきた。

・昭和三一（一九五六）年四月　「中間報告―憲法改正の必要と問題点」

・昭和四七（一九七二）年六月　「憲法改正大綱草案（試案）―憲法改正の必要とその方向」
・昭和五七（一九八二）年八月　「日本国憲法総括中間報告」
・平成五（一九九三）年六月　憲法調査会「中間報告」
・平成一七（二〇〇五）年一一月「新憲法草案」
・平成二四（二〇一二）年四月　「日本国憲法改正草案」

憲法改正を具体化するには、単に議論するだけではなく、憲法改正案を条文に起こす必要性があるとし、二〇〇三年総選挙の「政権公約」に「立党五〇年を迎える二〇〇五年に憲法草案をまとめる」とし、小泉内閣で森喜朗《もりよしろう》氏を委員長に、中曽根康弘《なかそねやすひろ》氏、宮沢喜一《みやざわきいち》氏、橋本龍太郎《はしもとりゅうたろう》氏らも参加し、二〇〇五年一一月二二日に「新憲法草案」を発表した。

これを自民党が野党のとき、谷垣禎一総裁が再検討し、二〇一二年、サンフランシスコ平和条約発効から六〇年となる四月二八日、主権回復した日に合わせ、党憲法改正推進本部（本部長・保利耕輔《ほりこうすけ》衆議院議員）がまとめた「日本国憲法改正草案」を発表した（＊巻末の現行憲法との対照表を参照）。

「日本国憲法改正草案」の前文については、そのすべてを書き換え、日本の歴史や文化に言及し、さらに和を尊ぶ家族や社会によって国家が成り立っていることを述べている。

主要な改正点については、第三条で国旗は日章旗、国歌は君が代とした。

次に自衛権を明記し、緊急事態条項を新設したことをはじめ、家族の尊重、環境保全の責務、財政の健全性の確保、憲法改正発議要件の緩和など、時代の要請、新たな課題に対応した憲法改正草案になっている。

また第一条で、天皇が日本国の元首であり、日本国および日本国民の統合の象徴であるとした。

第九条、戦争放棄の規定は、第一次世界大戦後に締結された不戦条約の規定に合わせた。自衛のための軍の名称は、国防軍とすることにした。

第四二条の国会については、二院制とした。ただし二院制のあり方については、引き続き、選挙制度など具体的な事項も含めて検討していく。

「日本国憲法改正草案」は、前文から補則まで現行憲法のすべての条項を見直し、全体で一一章、実質一一〇ヵ条（現行憲法は第一〇章の「最高法規」および第一一章の「補則」を含めて一〇三ヵ条）の構成としている。

この「日本国憲法改正草案」が国民投票によって成立すれば、わが国で初めての憲法改正となり、まさに日本国民自らの手でつくった真の自主憲法となる。以下、その概要について記す。

■「日本国憲法改正草案」の概要

（前文）

・国民主権、基本的人権の尊重、平和主義の三つの原則を継承しつつ、日本国の歴史や文化、国や郷土を自ら守る気概などを表明。

（第一章　天皇）

・天皇は元首であり、日本国および日本国民統合の象徴とする。
・国旗は日章旗、国歌は君が代とし、元号の規定も新設。

（第二章　安全保障）

・平和主義は継承するとともに、自衛権を明記し、国防軍の保持を規定。
・領土の保全等の規定を新設。

（第三章　国民の権利及び義務）

・選挙権（地方選挙を含む）について国籍要件を規定。
・家族の尊重、また家族は互いに助け合うことを規定。
・環境保全の責務、在外国民の保護、犯罪被害者等への配慮を新たに規定。

（第四章　国会）

・選挙区は人口を基本とし、行政区画等を総合的に勘案して定める。

（第五章　内閣）

・内閣総理大臣が欠けた場合の権限代行を規定。

・内閣総理大臣の権限として、衆議院の解散決定権、行政各部の指揮監督権、国防軍の指揮権を規定。

（第六章　司法）

・裁判官の報酬を減額できる条項を規定。

（第七章　財政）

・財政の健全性の確保を規定。

（第八章　地方自治）

・国および地方自治体の協力関係を規定。

（第九章　緊急事態）

・外部からの武力攻撃、地震等による大規模な自然災害などの法律で定める緊急事態において、内閣総理大臣が緊急事態を宣言し、これに伴う措置を行えることを規定。

（第一〇章　改正）

・憲法改正の発議要件を衆参両院のそれぞれ過半数に緩和。

（第一一章　最高法規）

・国民の憲法尊重義務を規定。

第二章　護憲派の偽善

拉致事件判明のあと護憲政党は

二〇〇二年九月一七日、北朝鮮の平壌《ピョンヤン》で小泉首相と金正日《キムジョンイル》国防委員長（朝鮮労働党総書記）による日朝首脳会談が行われた。

その際、「国民の生命と安全にかかわる重大な問題である日本人拉致《らち》の疑いがある事案に関する情報」（八件一一名および、欧州にて失踪《しっそう》した二名の日本人のうち、生存四名、死亡八名、一名は入国確認できず、また、調査依頼していない一名について生存を確認）が北朝鮮から提供された。

これに対し、小泉首相は、「情報提供されたことは留意するが、日本国民の利益と安全に責任を持つ者として、大きなショックであり、強く抗議する。家族の気持ちを思うといたたまれない。継続調査、生存者の帰国、再びこのような事案が生じないよう適切な措置をとることを強く求める」と厳しく抗議した。

それを受けて、金委員長より、「遺憾なことでありお詫《わ》びしたい。これらの問題で責任ある人々は処罰された。このようなことが二度と起こることがないよう適切な措置をとることにする。また、これらの方々とその家族の面会、および帰国への便宜《べんぎ》を保証することとしたい」との発言があった。

北朝鮮は、これまで主張し続けてきた「(拉致は)日本のデッチ上げだ」「拉致などはない」ということがウソであると自ら暴露したのである。

これにいちばん驚いたのは、これまで「何の証拠があって(拉致だと)言うのか」と、国会の場で言い放ってきた、護憲を唱える社民党と共産党であった。

とくに社民党は、北朝鮮が日本人拉致を認めた後も、党のホームページで「(拉致は)新しく創作された事件というほかない」「拉致疑惑事件が韓国の国家安全企画部の脚本、産経の脚色によるデッチ上げ事件との疑惑が浮かび上がった」「拉致事件は、日本政府に北朝鮮への食糧援助をさせないことを狙いとして、最近になって考え出され発表された事件なのである」といった内容のものを掲載していた。

その後、メディアや田嶋陽子《たじまようこ》参議院議員らの指摘を受けて、これらの主張はホームページ上から削除されたが、「拉致はない」という北朝鮮の言葉をそのまま信じ込んできた同党の対応には開いた口がふさがらない。

初代内閣安全保障室長で危機管理の専門家である佐々淳行《さっさあつゆき》氏は、産経新聞「正論」欄(二〇〇二年一〇月一日付)で、「社民党の土井《どい》たか子《こ》党首は拉致事件悲劇を招いた〝A級戦犯〟。有本恵子《ありもとけいこ》さんの母親、嘉代子《かよこ》さんの涙の陳情をつれなく扱い、手紙が来たことを朝鮮総連に通報したらどんな結果になるのか(引用者注:恵子さんが北朝鮮によって消されてしまいかねないということ）わからないのか」と批判した。

だが、こうした非常識極まりない姿勢は、社民党に止《とど》まらない。

安倍晋三官房副長官は、二〇〇二年一〇月一九日の講演で、原敕晁《はらただあき》さんを拉致し、原さんになりすましスパイ活動を続けた北朝鮮の辛光洙《シンガンス》元死刑囚（北朝鮮に送還）が韓国で逮捕されたことに対して、社民党の土井氏や民主党の菅直人《かんなおと》氏らが一九八九年に、同死刑囚の無罪釈放を求める嘆願書に署名していたことを紹介し、「いまから考えれば極めて間抜けな議員」と指摘した。

これに対し、菅氏はホームページで、「韓国の民主化運動で逮捕された在日韓国人の釈放要求に賛同を求められたもので、辛元死刑囚が含まれていたことは知らなかった」と釈明したが、こんな重大なことを指摘されて「知らなかった」と答えるのは、極めてお粗末と言わざるを得ない。

なお、社民党は衆議院議院運営委員会理事会で、「公党の党首に対して由々《ゆゆ》しき発言だ。慎んでほしい」と抗議し、まったく反省の色を見せなかった。

他方、一〇月二一日、公明党の太田昭宏《おおたあきひろ》幹事長代行は衆議院代表質問で、「社民党は『拉致はない』と北朝鮮を擁護し続け、共産党は拉致を疑いの段階から出ていないとしてきた。国民に明確な総括をすべきだ」と両党を批判している。

口先だけで「平和」を唱える政党、政治家の限界が見える。思ってもみなかったことが起こって初めて「ビックリ」するのでは済まされないのだ。

「憲法第九条で世界平和」の欺瞞

社民党や共産党は、「護憲」「憲法九条死守」を主張し、日米安保条約についても「日本を戦争に巻き込む」として、いまでも反対している。

こうした主張は、有事法制論議の際にも見られた。

彼らは「有事法制は戦争法、戦争をする国になる」「アメリカの戦争に協力するための法制だ」「国民の自由と権利を制限する」「憲法九条こそ世界にＰＲすればいい」とアメリカを批判し、憲法を擁護した。

結局、有事法制は、国会議員の約九割が賛成することによって成立したが、その後も、反対した共産党と社民党は、「第九条は、国の宝」「九条は戦争放棄と戦力の不保持等の平和主義を徹底させたもので、先駆的で世界でも高く評価されている」「平和憲法に世界を合わせるべきだ」と主張している。

かつての革新勢力は、反米と非武装中立を唱え、ソ連や中国に同調して北朝鮮を支援した。

社民党や共産党の主張の根底には、いまでも、「共産主義、社会主義国の主張には同調し、「日本政府の言うことには反対」という姿勢が存在するのだ。

こうした「護憲」を主張する政党の言うことを聞いていたら、北朝鮮による日本人拉致事件を再び許す危険性がある――。

テレビでお馴染《なじ》み、チベット出身のペマ・ギャルポ桐蔭横浜大学法学部教授は、二〇〇四年一一月の衆議院憲法調査会公聴会で、

「いまの日本国憲法の第九条の戦争放棄ということは単なる宣言で終わっていると思います。そして、このような一方的な戦争放棄ということに対して、何らかの国際社会においての保障もなければ、それを尊重するような環境も残念ながら現在ない」

としたうえで、次のように述べた。

「私が生まれた祖国においては、仏教を七世紀以来信仰し、そして仏教をあらゆる価値観の基準にして、すべての法のもとを仏教の思想、そしてその仏教の思想、すなわち生命の尊重を願って、そして他に危害を加えない平和を一方的に信じてきたんですけれども、やはり、残念ながら、その平和な生活は一方的に侵略され、そして固有の価値観を否定され、約六百万人のうちの五分の一の人たちがその尊い命を奪われました。

これに対して、国連の一つの機関である国際司法裁判所は、これを大量虐殺である、ジェ

ノサイドであるということを判定し、そして他方に対して批判をしました。また、国連の総会においても、三回にわたって（基本的人権の尊重と即時撤退の）決議をされましたけれども、これらの決議も、そして国際司法裁判所の判決も、何らかの救済にならなかったということを考えてみますと、残念ながら、いまの国際社会ということは、あくまでも力、あるいは、残念ながらその武力、あるいは既成事実をつくることによって行われているということが現実だろうと思います。

（中略）ですから、憲法九条の理想とするものに関しては、私も、もしできれば、もちろんそのような世の中がこの世界に一日も早く到達してほしいと思うと同時に、しかし残念ながら現実の世界はそうなっていないということを改めて皆さんに申し上げると同時に、私がチベットで生を受けて、そしてインドでその生を拾ってもらって、そして日本でそれをはぐくんでいただいて、教育を与えていただいて、きょう、このような形で生活できるような環境を与えてくださったこの日本の、いま私が毎日恩恵を受けているさまざまの豊かさとか平和とかそういうものが、永遠に子孫に対しても同じようにその恩恵を受けてもらうためには、やはりそれを守っていくということも大事だと思います」

いま私たちは、「護憲」や「見せ掛けの平和」を叫ぶ社民党や共産党、そして、その背後に存在する左翼メディアや学者、文化人などの主張を信じて、再び北朝鮮による日本人拉致事件のような悲劇を繰り返させるのか、憲法改正して真に自由で平和で安定した日本を築くのかという重大な岐路に立たされている。

北朝鮮による日本人拉致事件を誘発したのは、まさに、「憲法を守れば平和でいられる」という戦後の無防備体制にあるのだ。

憲法九条によって、国際法で認められた自衛権も自ら制限し、自国民を拉致した国家に対して何の報復もできないのが、いまの日本の現状である。

――こうした現状を何としても打破しなければならない。

「護憲」というスローガンは、まったく時代後れの害毒なのだ。

『孫子』が示す平和の前提条件

二〇〇五年一一月、『憲法九条、未来をひらく』（岩波ブックレット）なる薄っぺらい本が出た。筆者は早速購入して、目を通し、ますます「九条を変えないといけない」と感じた。

また、九条改正に反対する「九条の会」は、社民党系、共産党系のグループが中心となって運動を展開している。

二〇〇五年一一月四日深夜のテレビ朝日の「朝まで生テレビ！」では、「九条の会」事務局長の小森陽一《こもりよういち》氏が、「日本は好きか」との問いに、「私は嫌いだ」と答えた。

これが「九条の会」の実態なのだ。

「戦争はいけない」「軍隊を持ってはいけない」というのが彼らの主張だ。しかし、これでは国の安全は守れない。理想で立ち行かないのが現実の国際社会なのだ。

『憲法九条、未来をひらく』のなかで、評論家の加藤周一《かとうしゅういち》氏は、「戦争は問題を問題として意識することさえも破壊するのです。故《ゆえ》に古代中国の兵書として有名な『孫子《そんし》』も、『戦わずして勝つ』ことをこそ理想としました」と述べている。

だが、『孫子』には、「用兵の法というものは、国をまったく損傷しないで勝つのを上策とし、損傷したうえで勝つのを次善の策とする。軍団を損傷しないで勝つのを上策とし、損傷したうえで勝つのを次善の策とする。（中略）したがって、百戦して百勝するのは決して善の善なるものではなく、戦わずして敵を屈服させることこそ最上の法なのである」とあり、「戦わずして勝つ＝非武装」とは指摘していない。

『孫子』は、「用兵の法では、敵の攻めてこないことに期待をかけず、むしろ攻めてきても心配のないようにしておくべきであり、敵に撃たれないのを望まず、むしろ敵が撃てないように備えておくことが大切である」といっているのだ。

つまり、『孫子』は、「備えがあって、はじめて平和が確保できる」と説いているのである。永世中立国のスイスが国民皆兵制を採り、各家庭には武器と核シェルターが備えられているのも、こうした思想によるものだろう。

小泉信三《こいずみしんぞう》元慶應義塾塾長は、「平和というものは、ただ平和平和と口でいうだけでは達成されないので、平和を破るような行為を阻止する手段を講じることが必要なのだ」と述べている。

いまこそこの言葉を嚙《か》み締めるときが来たのである。

安岡正篤が呼ぶ偽善者とは誰か

陽明学者の安岡正篤《やすおかまさひろ》氏は『〈安岡正篤　人間学講話〉論語の活学』（プレジデント社、一九八七年）のなかで、次のように語っている。

「やれ平和主義者だの、何とか評論家だの、宗教家だのと、たくさんおる。彼等は口を開くと、平和々々で、戦争はいけない、暴力はいけない、武力を捨てなければいけない、と言う。もちろん平和を願わぬ者はないけれども、しかし世界の現実は彼等が考えるほど甘くはない。もし日本がそういうことを実行したらどうなるか。いかなる覇権が及んでくるか。それをまた彼等は、中共（引用者注：中国共産党、または中華人民共和国）が一番恐れておるのは日本が強力な武装をすることであるから、日本がそれをやめれば、必ずおとなしくなるだろう、と言うのでありますが、これは卑怯《ひきょう》な偽善者の寝言にすぎない」

そして、「今日《こんにち》、そういう偽善者が多いから困るのです」と述べている。
つまり、憲法九条を守ろうという人々の多くは、偽善者ということになるのだ。
——悲劇は、彼らがそれに気が付いていないことである。

第三章　憲法論議がタブー視された時代

マッカーサーから吉田茂への手紙

知日派の韓国人ジャーナリストとして知られる池東旭《チトンウク》氏は、自身の著書『朝鮮半島「永世中立化」論』（中央公論新社、二〇〇四年）のなかで、アメリカの占領下にあった当時の日本の状況を次のように論評している。

「敗戦後、日本はかつての夢と気概を失った。戦勝国のイデオロギーで洗脳された。敗戦は戦前のイデオロギーすべてを否定する風潮を生んだ。戦前日本の美風良俗は封建的ということばで十把《じっぱ》ひとからげにされ、廃棄された」

「日本人は、（中略）占領時期、戦勝国の弱体化工作に洗脳され、精神的に去勢された。自分が奴隷であるのを知らないのが本当の奴隷だという。日本人がまさにそれである。非武装平和、人権尊重、戦争反対、非核三原則はたしかに正しい。だが相手がそれを守らないかぎり、つまり双務的でない一方的原則堅持とは、あまりにも現実離れした錯覚だ。砂に頭を突っ込んでいれば敵からも見えないと思う独りよがりである」

池氏の指摘通り、アメリカの占領政策によって、日本は、経済的、軍事的、精神的にペチャンコにされた。

しかし、一九五〇年の朝鮮戦争の勃発《ぼっぱつ》によって、それが大きく転換されるのであった。

朝鮮戦争は、アメリカとソ連の対立を背景にして朝鮮半島を南北に分割し成立した二つの国が、北緯三八度線付近で武力衝突した紛争である。アメリカを中心とする国連軍が支援する韓国、ソ連や中国に後押しされる北朝鮮が、激しい火花を散らした。

ではなぜ朝鮮戦争がアメリカの対日占領政策を変えたのか。すなわち、朝鮮戦争が勃発することによって、「いままで敵だった日本を味方にして、パートナーとして利用したほうがよい」というアメリカの戦略転換があったのだ。

その結果、何が起こったか――。

まず経済。

朝鮮半島に近いことから、アメリカを中心とする国連軍は日本を補給基地として利用した。そして、日本に対し、武器の修理や弾薬製造を依頼したことで、戦後復興に弾《はず》みがつき、一気に経済が活性化した。いわゆる「朝鮮特需」が起きたのだ。

次に軍事。

占領政策で、日本は完全武装解除され、その代わり、国の安全はアメリカが守ってくれることになった。ところが、朝鮮戦争が起きたことで、アメリカは、在日駐留軍、そして地上兵力の多くを、朝鮮半島へ出撃させたのだ。

そのため、日本の治安を守りきれなくなり、「日本が空《から》になった。何とか埋め合わせしなければ」ということで、マッカーサーは、当時の首相である吉田茂《よしだしげる》氏に手紙を送り、七万五〇〇〇人の警察予備隊を創設するよう緊急指令を出した。吉田氏は、すぐにそれに応じ、一九五〇年八月、警察予備隊が誕生したわけだ。

そして、一九五二年に保安隊、一九五四年に自衛隊と改称された。

それから最後に精神の面。

精神だけは、そのまま置き去りにされてしまった。

一九四七年、教育基本法制定。当初は、教育勅語《ちょくご》も併存する予定であった。しかし、結局、教育勅語は、「軍国主義教育の象徴」とのレッテルを貼られた。「親を大切にしましょう」「兄弟、友人、夫婦ともに睦《むつ》まじく」「祖先が残してくれたよい風習を大切に」「社会に奉仕しなさい」といった、修身や道徳も否定されたのであった。

いずれにしろ、アメリカの占領政策は、冷戦の激化、とくに朝鮮戦争の勃発によって、完全に変更されることになった。アメリカは、日本の「無力化政策」を転じて、「対ソ政策」として日本を利用しなければならなくなったわけだ。そのために、日本に軍隊ならぬ警察予備隊を保持させ、経済繁栄を促したのである。

ドイツに学ぶ再軍備

ここで、日本と同じく軍隊を持てない憲法で出発したドイツを見てみよう。

ドイツは一九四五年五月八日、第二次世界大戦において無条件降伏して敗北。一九四九年以来東西に分かれていたドイツは、当初、いずれも非武装国家であった。

アメリカ、イギリス、フランスの占領下にあった西ドイツが軍備を持たない憲法（ドイツ基本法）を持ったのは、連合国軍の非軍事化政策に従ったためだ。

現在のドイツ基本法は、西ドイツができた一九四九年に制定されたが、そこには、もちろん、軍備に関する規定は存在しなかったわけだ。

しかし、日本と同じように、朝鮮戦争勃発によって、西ドイツも再軍備に向けて動き出した。このとき、国民を巻き込んで、猛烈な憲法改正論議を展開したのだ。

その結果、ドイツ基本法が改正され、再軍備が決まり、西ドイツは、軍事協定であるNATO（北大西洋条約機構）に加盟し、ブンデスヴェーア（BW―連邦国防軍）を創設。自分の国を守ることは当然ながら、同時に、ソ連や東ヨーロッパの社会主義諸国に対抗するという性格を持った軍隊が生まれた。

つまり、「西側全体を守るNATOの一員としての軍隊」という意味合いを持って出発したわけだ。

いっぽう、東ドイツでも、ナツィオナーレ・フォルクスアルメー（NVA―国家人民軍）

という軍隊ができ、こちらも、西側のＮＡＴＯに対抗して、東側のＷＴＯ（ワルシャワ条約機構）に加盟した。

さて、日本はどうか。一九五一年九月に調印され、翌年四月の発効をもって日本が主権を回復したサンフランシスコ平和条約、同時に結ばれた日米安全保障条約、この二条約の締結までには、結局、再軍備を果たすことができなかった。

アメリカの占領政策から脱し、ようやく、「一人前の国家」として独立することになったこの時期こそ、防衛、安全保障に関する国民的議論を展開する絶好の機会であったはずだ。しかし、護憲派たちの猛烈な反対があり、さらに、当時の首相・吉田茂氏自身も再軍備に対し、積極的な姿勢を示さなかった。これらが大きな要因となった。

筆者は、一九九九年四月に、ドイツ社会民主党の政策スタッフと、「日本政治」「安全保障」について議論を交わした際、こんなやり取りをした。

「西ドイツはかなり猛烈な議論を行って一九五四年に憲法改正をして、再軍備を行った。一九五六年の憲法改正では、成年男性に徴兵義務を課し、軍隊の設置を明記した。一九六八年には、『国内緊急事態』について、国内の安寧《あんねい》に対する緊急危機、自然災害、突発事故に関する規定を設け、さらに『海外非常事態』として、有事における対処などを明記した。そして、非常事態条項を同年に導入した。

日本でも、これから安全保障の論議が本格的に起こるのか」

政策スタッフのこの質問に、筆者はこう答えた。

「まさにドイツがかつて議論したことに日本もこれから本気で取り組んでいく必要があるし、絶対に取り組んでいく」と。

このように、憲法を改正して軍隊を持つことは、ドイツではすでに経験済みなのだ。日本は、同じ敗戦国であるドイツを見習うべきであろう。

憲法改正賛成が多かった時代

一九五〇年代の初頭には、アメリカの占領下において制定された憲法を「アメリカからの押し付け憲法だ」とした批判が噴出し、「自主憲法を制定せよ」という動きがあった。

一九五二年一月、読売新聞が初めて憲法観を問う世論調査を行った際、憲法改正に賛成は四七パーセント、反対が一七パーセントで、当時は賛成の割合が非常に高かった。

ところが、一九五三年四月の衆議院議員選挙で、憲法改正および改憲による再軍備を公約に掲げた鳩山一郎《はとやまいちろう》氏率いる自由党鳩山派が、現有議席を維持できず、五議席減の三五議席となり、いっぽう、護憲、再軍備反対を主張する、当時、右派と左派の二つに分裂していた社会党は、右派が六議席増の六六議席、左派が一六議席増の七二議席へと大幅に議席を伸ばした。

このとき、社会党左派の鈴木茂三郎《すずきもさぶろう》委員長は、「青年よ、再び銃をとるな」「婦人よ、夫や子供を戦場に送るな」と盛んに呼びかけ、多くの国民の支持を集めたのだ。

こうして、同年七月に朝鮮戦争休戦協定が成立したこともあってか、改憲への動きは、やや下火になっていった。

その結果、一九五四年七月の読売新聞の世論調査で、「改正したほうがよい」が三八パーセント、「このままでよい」が三〇パーセントとなり、翌年二月の世論調査でも、賛成派が四一パーセント、反対派が三三パーセントとなった。

こうして徐々に、改憲派と護憲派による対立構図が明確な形となっていった。

鳩山一郎氏と岸信介《きしのぶすけ》氏によって、一九五四年一一月に誕生した日本民主党は、同党の綱領のなかに、「平和主義、民主主義および基本的人権尊重の原則を堅持しつつ、現行憲法の自主的改正を図り、また、占領諸法制を再検討し、国情に則してこれが改廃を行う」と明記した。

さらに、基本政策にも、「占領下制定された現行憲法を、国民の自由意思により、国情に即応するよう自主的に改正するため、法律による憲法調査会を設置して準備する」と記した。

その後、首相となった鳩山氏は、つねづね「占領政策是非の手始めとして憲法改正が必要であり、ことに九条の改正は必要である」と述べ、憲法改正の必要性を訴えた。

一九五五年二月の衆議院議員選挙では、日本民主党が再び改憲を、社会党右派と左派はいずれも護憲を主張。この選挙で、日本民主党は六一議席増の一八五議席を獲得。しかし、過半数には届かず、当時の保守系の政党を合わせても「三分の二」を割り込んだ。

——なぜ「三分の二」が問題なのか。

改正の手続きを定める憲法第九六条は、「総議員の三分の二以上」による発議を規定しているからだ。つまり、改憲派が「三分の二」に達しなければ、憲法を改正することができない。

いっぽう、社会党左派は八九議席にまで躍進。

そして同年一〇月には、憲法改正を阻止するために三分の一以上の議席を確保しようと社会党右派と左派が統一。それに呼応する形で、翌月には、吉田茂氏に代わって緒方竹虎《おがたたけとら》氏率いる自由党と日本民主党が「保守合同」を果たし、自由民主党が結成された。

憲法調査会が機能しなかった理由

自民党は、党の使命として、「現行憲法の自主的改正を始めとする独立体制の整備を強力に実行し、もって、国民の負託に応えんとするものである」と主張した。

さらに、党の政綱のなかの「独立体制の整備」という項目では、「平和主義、民主主義及び基本的人権尊重の原則を堅持しつつ、現行憲法の自主的改正をはかり、また占領諸法制を再検討し、国情に即してこれが改廃を行う。世界の平和と国家の独立及び国民の自由を保護するため、集団安全保障体制の下、国力と国情に相応した自衛軍備を整え、駐留外国軍隊の撤退に備える」と記した。

それに対し社会党は、憲法擁護国民連合を中心にして、労働組合、左派系文化人、学者まで動員し、「平和憲法を守ろう」と、大規模な改憲阻止を展開した。

こうして、いわゆる「五五年体制」が確立されたのだ。

「自民党vs.社会党」、それは、まさに「アメリカvs.ソ連」という国際的な東西対立の枠組みを反映したものであり、改憲派と護憲派による争いの始まりであった。

その後、一九五七年八月、英米法学者の高柳賢三《たかやなぎけんぞう》氏を会長に、内閣に憲法調査会ができた。

しかし、この憲法調査会、結果的には、うまく機能しなかった。一九六四年七月に報告書が提出されたのだが、その内容が改憲と護憲の両論が併記される形となったのだ。

では、なぜ憲法調査会がうまくいかなかったのか。それは、第二党である社会党が参加しなかったことにある。

憲法調査会をつくるときも、最初は、国会に設置するという予定であった。ところが、社会党と共産党が反対し、「憲法論議は、軍国主義の復活につながる」と主張。その結果、政府に設置されたわけだ。

日米安保条約が戦争に巻き込むか

この頃から、「再軍備は危険だ。だから憲法論議はしないほうがよい」「護憲は平和主義の象徴だ」「自衛隊は憲法違反だ」「かつての戦争は日本が仕掛けたから起きた。だから、日本が戦争を仕掛けなければ、世界は平和だ」という主張が浸透していった。

とくに、一九六〇年から一九七五年の一五年間にわたって続いたベトナム戦争が勃発《ぼっぱつ》したときには、それらがさらにエスカレート。

ベトナム戦争とは、ベトナムを南北に分断して行われた、南ベトナム軍と北ベトナム軍による武力衝突だ。北を支援するソ連や中国などの社会主義国と、南を支援するアメリカ。まさに「米ソ代理戦争」だった（のちにアメリカは直接介入）。

日本は、一九六〇年に日米安保条約を改定。安全保障の面における日米関係を、これまで以上に強化し、ベトナム戦争では、沖縄や横須賀などの米軍基地は補給基地としての役割を果たした。

そのため、いわゆる「六〇年安保闘争」に参加する学生や市民らは、「ベトナム戦争反対」を、自分たちの活動の中心的スローガンと見なし、「日米安保条約は憲法第九条に違反する」「在日米軍基地は撤廃せよ」「米軍基地があると戦争に巻き込まれる」と叫び、過激な反戦運動を展開した。

こうして、憲法論議は「腫《は》れ物に触るようなもの」として、だんだん下火になっていった。

ちなみに、現在、「核開発が進んでいるとされる北朝鮮が攻撃するのはまず日本の米軍基地だ」と、多くの軍事評論家が主張するが、元陸将補で、軍事研究家の松村劭《まつむらつとむ》氏は、著書『日本人は戦争ができるか』（三笠書房、一九九九年）のなかで、「在日米軍基地を攻撃したら北朝鮮は半島国家だから、米軍によって大規模な報復を受け、とことんまで占領されるだろう。そんな自殺攻撃はできまい」と述べている。

また、かつてベストセラーになった『宣戦布告（上・下）』（講談社、一九九八年）の著者である作家の麻生幾《あそういく》氏が筆者のもとに取材に来た際、筆者は彼にこう述べた。

「米軍基地があるところはむしろ（北朝鮮は）避けるだろう。それは米軍基地を攻撃したら、アメリカは本気で怒り、攻撃手段を選ばなくなる。そうしたら逆に北朝鮮がやられる。

そのことを北朝鮮は知っている」

すなわち、戦後日本の安全保障は、在日米軍基地があることに負うところが大きいという現実があるわけだ。

北朝鮮は、たとえば潜水艦などで韓国への侵入を企てることがあっても、三八度線を越えることはない。それは韓国に在韓米軍が存在しているからだ。

さらに、言い換えれば、日本の場合、沖縄がもっとも軍事的に安全であるということが言える。なぜならそこに、数多くの米軍基地があるからだ。

その証拠に、沖縄の近隣に位置する台湾が、対沖縄直接投資を進めようとする動きがある。たとえば、一九九六年、台湾総統の李登輝《りとうき》氏が、沖縄に対して一〇億ドルの投資を行うという計画を発表し、大きな注目を集めた。また、これまで多くの台湾経済訪日団が沖縄の投資環境を視察している。

軍事評論家のガブリエル中森《なかもり》氏は、

「観光立国スイスでは、防衛に国民が熱心で、国民全員が収容できるシェルターに加えて海外の観光客も収容できるシェルターのスペースがあるとの話である。

だからこそ、世界のさまざまな国際機関が存在し、世界中の大富豪が安心して資金を保管できるわけだ。そして、秘密は守ってくれる。スイスを見れば、いかに安全が重要であるかがわかる。非武装では、決して安全が確保されないのが世界の現実である」と述べている。

憲法改正論を出版した著者の運命

一九九〇年代に入り、憲法論議がタブー視された時代がようやく終わりを告げようとした頃だった。筆者は、憲法改正を論じた本を二冊出版した。『憲法と安全保障』（南窓社、一九九三年）と『日本国憲法見直し論』（KKベストセラーズ、一九九四年）だ。

このうち、『日本国憲法見直し論』を出版した際、担当の編集者からこんなことをいわれた。

「この本には、あなたの顔写真を掲載するのはやめましょう。憲法の話となると、賛否両論、あちらこちらから、いろんな評価を受ける。まだこういう時代（憲法論議がタブー視される時代）だから、もし顔写真を載せると狙われて、危ないから……」

本には、たいてい著者の写真が載るものだ。しかし結局、この編集者の指示に従い、筆者の顔写真を掲載するのを止《や》めた。

しかも当時は、タイトルに「憲法改正」という言葉を使うことすらできなかった。『日本国憲法見直し論』の中身は明らかに憲法改正の話だ。いまでは、真正面から憲法改正を論じることができるが、この頃は、まだ「見直し」という言葉を使うのが精一杯の状況だったのである。

第四章　憲法論議が活発化した背景

憲法論議に火を付けた湾岸戦争

一九八九年にベルリンの壁が崩壊し、東西冷戦が事実上、終結。その一年二ヵ月後、日本に大きな衝撃を与える事態が起きた。

一九九一年一月一七日に勃発した湾岸戦争だ。

湾岸戦争は、一九九〇年八月に、イラクがクウェートを侵略、占領したのを機に、国連の決議によって編成されたアメリカを中心とする多国籍軍がイラクへの攻撃を開始して起こった。

このとき日本は、多国籍軍に対して一三〇億ドル(約一兆数千億円)という多額の資金を援助したが、自衛隊は参加させなかった。そのため、アメリカを始めとする参加国から、「日本は金だけ出せばそれでよいのか。人的貢献はしないのか」と非難の声が上がった。

積極的な経済的協力が、かえって国際社会からの反発を受け、まったく感謝されなかったのだ——。

実際、クウェートは、戦争終了後にアメリカのワシントン・ポスト紙などに感謝広告を掲載したのだが、そのなかに日本の国名はなかった。

こうした仕打ちが日本の安全保障のあり方に火を付け、やがて憲法論議、とくに第九条を巡る問題へと波及していくことになったのだ。

そこでまず日本は、湾岸戦争が終わってから、ペルシャ湾の機雷の除去、その処理に関する業務を行うことを目的に、海上自衛隊の掃海艇を派遣。そして、国連平和維持活動（PKO）への参加を可能にするために、政府は、PKO協力法案（国際連合平和維持活動等に対する協力に関する法律案）を国会に提出した。

ところが、野党第一党の社会党が、「自衛隊の海外派遣は憲法九条に抵触する」と猛反発。法案採決の際、社会党は、共産党と一緒になって牛歩《ぎゅうほ》戦術で投票を妨害し、さらに、社会党衆議院議員全員が、議員辞職願まで出してきた。

結局、PKO協力法案は、賛成多数で可決、成立。あれだけ「議員を辞めてやる」といっていた社会党も、誰一人として辞めなかった。

PKO協力法は、戦争が終わった後に自衛隊が海外に出て、人道復興支援活動や、停戦監視活動などに協力するための法律だ。

ちなみに、一九九二年四月二八日の参議院「国際平和協力等に関する特別委員会」で、内閣法制局長官の工藤敦夫《くどうあつお》氏は、「PKOは憲法違反なのか」との問いかけに対し、次のように答えている。

「海外派兵につきまして一般的に申し上げますと、武力行使の目的を持って武装した部隊を他国の領土、領海、領空に派遣することというふうに従来定義して申し上げているわけでございます。

このような海外派兵、これは一般に自衛のための必要最小限度を超えるものということで憲法上許されないと解しておりますが、今回の法案に基づきますPKO活動への参加、この場合には、ただいま申し上げましたとおり我が国が武力行使をするとの評価を受けることはございませんので、そういう意味で今回の法案に基づくPKOへの参加というものは憲法の禁ずる海外派兵に当たるものではない、かように考えております」

当時は、「自衛隊が海外に出て行く」というだけで、大騒ぎになる状況だった。

なお、PKO協力法ができた際、国際緊急援助隊法（国際緊急援助隊の派遣に関する法律）も一緒に改正した。

改正前の国際緊急援助隊法は、「自衛隊抜きの国際緊急援助隊法」。つまり、外国で台風や地震などの自然災害が起きたとき、「消防レスキューや医療チームは海外に出て活動できるが、自衛隊はダメ」という法律だったのだ。

二〇〇四年一二月二六日、インドネシア（スマトラ島沖）で大地震と津波が発生した際、この法律に基づいて自衛隊がすぐさま現地へ飛んだ。

あれだけ自衛隊の海外派遣に反対していた共産党も、いまでは、「外国の自然災害などの人道支援は認める」といっている。

「小沢調査会」の功績

ＰＫＯ協力法案の審議が進むなか、当時、自民党に所属していた小沢一郎《おざわいちろう》氏が、日本の国際貢献のあり方について検討するため、「国際社会における日本の役割に関する特別調査会」、通称「小沢調査会」を創設した。

小沢調査会では当初、「国際社会のなかで日本はどのような役割を果たしていけばよいのか」をテーマにし、次に、それらに関連する経済的な視点からの検討も行う予定であったが、途中で尻切れトンボになってしまい、結局、安全保障に関する議論のみに終始した。

憲法、自衛隊、国際協力……毎回、活発な議論が展開された。

とくに大きく扱われたテーマは、国連の「集団的安全保障」だ。

一九九二年二月二〇日に発表した答申案は、具体的な改憲論には言及せず、あくまで、「武力行使を伴う自衛隊の海外での活動を、国連憲章に定められている国連軍に限定する」としたものだった。

国連軍は、唯一の例として、朝鮮戦争の際、アメリカを中心とする「朝鮮国連軍」が組織されたことがあるが、これは常任理事国であるソ連と中国の同意を欠いている（両国は、国連軍派遣決議の際に欠席)。

つまり、正式な国連軍は結成されたことがないのだ。

小沢調査会の結論は、「国連軍は、日本の意思で武力行使するのではない。国連軍に参加するすべての国が、国連の指揮命令によって行うものだ。だから、憲法第九条が禁ずる国権の発動とはならないので、違憲にはならない」というものだった。

また、「これでは、集団的自衛権の行使になるのではないか」という疑問に対抗するため、「集団的安全保障」という概念を持ち出した。

ここで確認するが、「個別的自衛権」、つまり、他国からの日本に対する攻撃に対して、日本が単独で対処することは、憲法で認められている。

いっぽう、他国からの同盟国への攻撃に対して、同盟国と一緒になって対処する「集団的自衛権」も、日本は国際法上保持している——にもかかわらず、それを実際に行使するのは憲法で禁止されているのだ。

そこで「集団的安全保障」が登場した。

つまり、「イラクのような、悪さばかりする、国際社会の秩序を乱す国に対して、国連全体が一つになって懲《こ》らしめてやろう」というもので、これなら憲法に違反しないだろうということだ。

こんなエピソードがある。

当時、筆者は小沢調査会の事務方を務めていた。

小沢調査会の答申案が出たとき、社会党政策審議会の職員が筆者のもとを訪ね、こう言ったのだ。

「じつは小沢調査会の国連中心主義の考え方を見ると、社会党がかねてから考えていたものと同じだ」と。

当然、社会党の言う国連中心主義の裏側には、日米安保条約の否定が隠れている。つまり、日米安保条約を否定している社会党は、日米安保条約に代わる具体的な安全保障政策を提示するために「国連中心主義で行こう」と考え出したわけだ。

いずれにしても、憲法第九条を巡って活発に議論ができたことは、当時としては極めて画期的なことであった。

さて、この小沢調査会で議論された内容は、小沢調査会事務局長の船田元《ふなだはじめ》氏が、その都度《つど》キチンと整理し、たびたび新聞やテレビの記者にレクチャーしたため、メディアでも大きく取り上げられるようになり、これまでタブー視されてきた憲法に関するニュースが盛んに報道されることになった。

与野党から相次ぐ憲法見直し発言

一九九二年二月には、憲法学者で弁護士でもある慶應義塾大学教授の小林節《こばやしせつ》氏が『憲法守って国滅ぶ』（KKベストセラーズ）を出版。護憲派が八割以上を占めるという憲法学界において、改憲論を展開した小林氏の行動に、日本中が大きな衝撃を受け、初版一万五〇〇〇部を刷り、その後ベストセラーとなった。

当時、憲法学者の書く書籍のほとんどは、憲法を解説する教科書や、「憲法を守ることで平和が確保できる」といった主張のものが一般的であった。そこで小林氏は、憲法改正の立場から、「誰でもわかりやすく読めるように」と配慮し、一般書として、世に問うたのだ。

そんななか、いわゆる有力政治家や学者、さらには労働組合幹部たちから、相次いで憲法見直しに関する発言が飛び出してきた。

一九九二年一二月には「民社党と語る会」の学者グループが、「集団的自衛権は当然、認めるべきだし、当然、それは権利としてある。これが政府の解釈でできないとするならば、憲法改正すべきではないか」と主張。

細川護熙《ほそかわもりひろ》氏が代表を務める日本新党も、政策綱領のなかで、「新しい改憲論の必要性」を主張し、細川氏自身も「憲法問題というのは議論しなければならないし、モノによってはキチンと改正しなければならない」と述べた。

また、外務大臣であった渡辺美智雄《わたなべみちお》氏も、「自衛隊法の任務規程に国際貢献を明記すべきだ。憲法がどうしてもじゃまなら直したらいい」と明言。

のちに社会党委員長となる山花貞夫《やまはなさだお》氏までが、一九九三年一月六日付の毎日新聞のインタビューで、「創憲とは、憲法と民主主義、平和主義、人権擁護の基本理念に立って、市民の手でより豊かにしていくという考え方。非武装、中立、憲法九条は、断固かかげることを大前提としながらも、現実的対応として、タブーを持たないで考える」と憲法見直しに一歩踏み込んだ。

さらには、社会党の支持団体である日本労働組合総連合会（連合）会長の山岸章《やまぎしあきら》氏も、「憲法をタブー視してはならない」という旨《むね》の発言をした。

公明党書記長であった市川雄一《いちかわゆういち》氏も、「主権在民、基本的人権の尊重、恒久平和主義の三原則は堅持しつつ、時代状況にフィットしていない部分は検討に値する。その場合、九条はタブー視しない」と述べている。

ここで注目すべきは、これまで「護憲」の一点張りだった社会党が、「新しい時代の波に乗り遅れてはいけない」と、憲法に対する認識を改めたことだ。

ちなみに、山花氏の主張する「創憲」は、現在、民主党が掲げる憲法論と同じだ。

た。

大きな政治テーマとなった憲法

憲法論議が活発化してきたことで、一九九三年に入り、憲法が大きな政治テーマとなった。

一月二七日には、自民党の四役（幹事長、総務会長、政務調査会長、参議院議員会長）が、自民党憲法調査会長の栗原祐幸《くりはらゆうこう》氏と会談。憲法調査会に対して「党内での憲法論議を深め、近々、党として憲法に関する『中間報告』を取りまとめてほしい」という指示を出し、これを受けて、憲法調査会が中心となって、本格的な憲法論議を自民党内で行うことになった。

このとき、憲法調査会の委員への希望者が殺到。それだけ国会議員の関心が高かったのだ。

まず、二月五日、自民党憲法調査会の正副会長会議で、今後の運営についての検討を行い、「改憲を前提としないこと」を確認したうえで、次の事項が決定された。

①いま国民的な憲法論議が必要か
②必要とするならば、どのような手法が望ましいか

③点検すべき事項とは何か

この三項目に絞って議論を行い、意見集約をすることとなった。二月一〇日からは、言論界、学識経験者、経済界および労働界代表者一一名から三項目についての意見聴取を実施した。

そして、四月二八日から五回に分けて、憲法調査会の委員全員が同じく三項目についての意見開陳を行い、その後、さらに具体的な検討を行い、六月一六日、わずか五ヵ月足らずで「中間報告」を発表した。

「中間報告」の骨子は、「いまこそ憲法論議を喚起し、国民的論議に高めることが政治に強く求められるところである」との意見に集約されている。

そして、憲法の見直しを行ううえでは、「国民各階層の参加を求めることが必須条件であり、そのためには、内閣に調査委員会等を設置するか、あるいは、国民の代表の場である国会に憲法調査会を設置しなければならないものと考える」とした。

この「中間報告」が出された時期は、宮沢喜一内閣が、まさに政治的に追い込まれた頃で、新聞紙面には政局の動向ばかりが躍り、残念ながら、「中間報告」については、あまり大きく報道されなかった。

その後、宮沢内閣不信任決議案が可決。衆議院議員選挙で自民党が敗北し、野党に転落。連立政権時代の幕開けとなった。

消滅した「改憲派vs.護憲派」

憲法論議を進めていくうえで、社会党の政策転換の持つ意味は非常に大きかった。

前述の衆議院議員選挙の結果、社会党は大きく議席を減らし、選挙前の一三五議席から七〇議席になった。

——これは、ソ連の崩壊に関連がある。

自民党と社会党を主軸とする「五五年体制」は、まさにアメリカとソ連の「代理戦争」だった。

イデオロギー的確執を推進力とする米ソ冷戦が、ソ連の崩壊と社会主義の敗北をもって終結すれば、マルクス・レーニン主義を根底に置く社会党のイデオロギー基盤が急速に衰えていくのは当然だ。

言い換えると、社会党が掲げる政策が、「もはや現実的ではなく、不用になり、社会党そのものの存在意義がなくなった」のだ。

結局、社会党は、八党派からなる細川護熙連立内閣に参加。そのうえで、「自衛隊は憲法違反だ」「日米安保条約は破棄せよ」としていた政策を転換した。

その後、村山富市《むらやまとみいち》首班による連立内閣が誕生し、社会党は正式に「自衛隊は合憲」「日米安保条約は堅持」とした。

一九九四年七月二一日の参議院本会議。村山氏の答弁は非常に印象深かった。

「国際的に冷戦構造が崩壊した今日《こんにち》、（社会党の非武装中立論は）その政策的役割を終えたと認識をいたしております」

村山氏の発言に、自民党の議員席からは拍手喝采《かっさい》が沸き起こった。これに対し、社会党の議員席は、全員、腕組みをしながら沈黙……誰一人、拍手をする者はいなかった。

その結果、憲法論議のなかでいちばん激しい対立が繰り広げられた、安全保障を巡っての「改憲派vs.護憲派」という構図が、社会党の政策転換で消滅することになった。

国会から政党に移った憲法論議

衆参両院に憲法調査会を設置するための国会法の改正案が、一九九九年七月二九日、衆議院本会議で可決、成立した。

現行憲法が施行されてから五三年。ようやく、二〇〇〇年一月、衆参両院に憲法について総合的に議論するための憲法調査会が設置された。

憲法調査会の設置を巡っては、憲法施行から、ちょうど五〇年を迎えた一九九七年五月二三日に、共産党、社民党を除く、すべての政党の国会議員による「憲法調査委員会設置推進議員連盟」（現在、憲法調査推進議員連盟）が発足したことに始まる。

この議員連盟では、衆議院の過半数を超える国会議員が参加して活発な活動を展開した。一九九七年一一月一七日には、憲政記念館で「憲法50周年記念フォーラム——21世紀の日本のために」を開催。

GHQで憲法の原案の作成に参画した、コーネル大学名誉教授のミルトン・J・エスマン氏、元アメリカ国務省職員のリチャード・A・プール氏、国際文化交流コンサルタントのベアテ・シロタ・ゴードン氏、メリーランド大学名誉教授のセオドア・H・マクネリー氏、アメリカン大学名誉教授のリチャード・B・フィン氏の五人を、議員連盟に所属するメンバーが一人三万円を拠出して日本に招待した。

議員連盟が発足する二年前は、自民党、社会党（後、社民党）、新党さきがけによる、いわゆる自社さ政権であったため、社会党の反対が大きな障害となり、それほど憲法に関する議論が深まらなかった。

しかし、自社さ政権解消後、各党間の協議が本格化。一九九九年一月下旬、民主党から、「常任委員会ではなく、議案提出権のない憲法調査会を設置してはどうか」という提案があり、これに公明党、改革クラブが賛同した。

当初、議案提出権のある常任委員会を目指していた自民党と自由党も、「何より、憲法施行後五三年間できなかった憲法論議ができる場所を国会に設置することが極めて重要である」ということになり、五党派が合意し、憲法調査会が衆参両院に設置された。

憲法調査会が設置された最大の要因は、東西冷戦構造の終結と、「五五年体制」の終焉《しゅうえん》、自社さ政権誕生による社会党の安全保障政策の転換にある。

そして、最大の護憲勢力の中心であった社会党が大きく衰退した。

議員連盟は、「もはや、『改憲vs.護憲』といった国を二分するような問題ではない」といった点を踏まえ、野党も含め、多くの賛同者を得て、憲法調査会の設置にこぎ着けたわけである。

そして、憲法調査会設置から五年——。

二〇〇五年四月一五日に衆議院憲法調査会が、二〇日に参議院憲法調査会が、五年間の活動を締めくくる最終報告書を、衆議院議長の河野洋平《こうのようへい》氏、参議院議長の扇千景《おおぎちかげ》氏に、それぞれ提出した。

憲法論議の舞台は、国会から各政党へと移った。

有事法制成立が後押しするもの

憲法改正への国民の意識が一気に高揚したきっかけは、二〇〇一年九月一一日に発生したアメリカ同時多発テロ事件、そして、二〇〇二年九月一七日の小泉純一郎首相の北朝鮮への電撃訪問だ。

この二つの事案によって、「平和憲法を守っていても自分たちの安全は確保できない」ということを多くの国民が認識した。

こうした動きを背景に、国会でも有事法制の必要性が叫ばれた。

有事法制とは、日本に対する武力攻撃が発生した場合に、「国民の生命と財産をどう守るか」「国民の福祉の維持のために国家がどのような措置《そち》を講ずるか」というもの。

もっと平たくいえば、「戦争や危機になったとき、個人と地方自治体、警察、消防、自衛隊、国家などがどう連携していくかをあらかじめ定めた『チーム・ワークのルール』」である。

ところが、有事法制論議の際、「戦争法だ。戦争する国になる」「国民の自由と権利を制限する」といった批判が噴出。書店に行けば、「有事法制反対」を論じた書籍がズラリと並んでいた。

そこで筆者は、『急げ！有事法制』（朝雲新聞社、二〇〇二年）と題した「有事法制賛成」の本を書いた。

筆者が講師を務める慶應義塾大学の大学院でのこと。ある大学院生が、授業中こんなことを言った。

「先生は有事法制に賛成で、有事法制が国会で成立すると言っていますが、慶應のほとんどの先生は有事法制に反対ですよ。先生はこれについてどう思いますか」

そこでこう答えた。

「それはね、君、僕の言った通りにしか世の中は動かないから、君は僕の言うことをきちんと聞いておけば、後で必ずよかったと思うから」

結局、筆者の言った通りになった。

二〇〇三年五月一五日の衆議院本会議を経て、六月六日の参議院本会議で、まず有事関連三法案（安全保障会議設置法の一部を改正する法律案、武力攻撃事態等における我が国の平和と独立並びに国及び国民の安全の確保に関する法律案、自衛隊法及び防衛庁の職員の給与等に関する法律の一部を改正する法律案）が可決、成立した。

翌年には、有事関連七法案および関連三条約（武力攻撃事態等における国民の保護のための措置に関する法律案、武力攻撃事態等におけるアメリカ合衆国の軍隊の行動に伴い我が国が実施する措置に関する法律案、武力攻撃事態等における特定公共施設等の利用に関する法律案、国際人道法の重大な違反行為の処罰に関する法律案、武力攻撃事態における外国軍用品等の海上輸送の規制に関する法律案、武力攻撃事態における捕虜等の取扱いに関する法律案、自衛隊法の一部を改正する法律案、日米物品役務相互提供協定の一部改正、ジュネーヴ諸条約第一追加議定書、ジュネーヴ諸条約第二追加議定書）が可決、成立した。

これらは、憲法改正反対を主張する社民党と共産党以外の、自民党、公明党、保守新党の与党三党と、民主党、自由党など、約九割の国会議員の賛成によるものだ。

つまり、有事法制の成立を考えれば、憲法改正に必要な国会議員の三分の二以上の確保は十分可能となったといえる——。

第五章　憲法改正で実現する「美しい国」

アインシュタインが崇めた日本

かつて日本人は、世界中の人々から尊敬されていた。

理論物理学者のアルベルト・アインシュタインは、日本人について、次のように述べている。

「世界の人類は、欲にかられて争いと混乱を繰り返し、最後に疲れるときが来る。そのとき、世界の人類は真の平和を求めて世界の盟主を求める。それは、あらゆる国の歴史を超越する尊い国、日本である。われわれは日本を存在せしめた神に感謝する」と。

ところが最近、非常に気になることがある。

それは、「憲法改正に際し、前文のなかに、日本の歴史、文化、伝統を盛り込んで、日本人のアイデンティティを明らかにしよう」と言いながら、「『復古』は良くない」という主張が存在することだ。

「復古」とは、『広辞苑』によれば、「昔にかえすこと。もとにかえること」「過去の体制に復帰させること」とあるが、すべてが悪いことを意味するわけではない。

憲法改正論議のなかで、メディアは、「古い日本に戻すのは良くない」と、「復古派vs.協調派」という対立構造をつくり、解説することがある。

護憲派も、憲法改正を阻止するために、「自民党の憲法改正は復古調だ」「古い悪い日本に回帰するもの、根拠のない歴史やロマンを付け加えるだけ」といった批判を浴びせる。

しかし、復古とは、『論語』の「温故知新」に置き換えることができよう。

「故《ふる》きを温《たず》ねて新しきを知れば、以《もっ》て師と為《な》るべし」

一九九三年、自民党が野党になり、細川護熙連立内閣ができた。

当時は、「新党ブーム」の真っただ中。細川氏は「日本新党」をつくり、以後、「新党さきがけ」「新生党」「新進党」というように、「新」という字の付いた政党が次々に登場した。その後、保守党ですら「保守新党」という名前にしたほどだ。国民新党もあった。

ところが、このとき、「新」と付けた政党は、現在、何一つ残っていない――。

「新」は、一時的には、多くの人々の関心を引き寄せ、注目を浴び、ブームとなるが、時間が経てば、結局、「古」になるではないか。

また、「新しければ、ただそれだけで価値があり、古くなれば、価値がない」というのも、極めていい加減な主張なのである。

日産自動車を再建したカルロス・ゴーン氏は、「ルネッサンス」の精神をもって、日産自動車を復活させた。

彼は、著書『ルネッサンス――再生への挑戦』（中川治子訳、ダイヤモンド社、二〇〇一年）の「はじめに」で次のように述べている。少々長くなるが引用してみたい。

「ルネッサンス――それは復興を意味する。歴史的には、一四世紀から一六世紀にかけて、ヨーロッパで文化と芸術が復興した時代を指す。当時の芸術家、作家、思想家たちは、西洋文明のルーツをいにしえのギリシャ・ローマに求め、絵画や文学から科学、哲学に至るまで、古代ギリシャ・ローマ様式を取り込んでいった。ギリシャ・ローマ文化の復活は、中世ヨーロッパを支配してきた信仰のさまざまな足かせを断ち切った。

中世ヨーロッパの人々は、人は地上では苦しみを強いられるが、死ねば天国で永遠の報《むく》いを受けられると信じ、疑うことなく運命を受け入れた。『なぜわれわれはここでこうしているのか』と問われれば、彼らは口をそろえて『なぜならわれわれは常にこうしてきたからだ。これは神の定めなのだ』と答えただろう。

しかし、ルネッサンスの到来とともに、ヨーロッパの人々は再び人間を存在の中心に置くようになった。彼らはそれまで受け入れてきたやり方と牢固《ろうこ》たる信念に挑戦した。古いドグマを捨て去り、物事を批判的に分析する思考方法を身につけ、目を開いていった。そして、芸術と科学の再発見へ、さらには新世界への旅へと乗り出していったのである。

今日、日産自動車ではもうひとつのルネッサンスが進行中である。

かつての日産がしがみついていた考え方とやり方は、グローバル市場の試練と必然性によって時代遅れとなり、日産には倒産の危機が訪れた。社員の多くは変革の必要性を感じていたが、これまでのしがらみに縛られて有効な手を打つことができなかった」

——憲法改正には、ルネッサンスの精神が必要ではないだろうか。

どんな国の歴史も超越する尊い国

護憲派の多くは、大日本帝国憲法や教育勅語などを読みもしないで、「古いものはすべて悪い」「日本は後れている、西洋に学ぶべきだ」と批判する。

たとえば、東京大学教授や最高裁判所長官を務めた横田喜三郎《よこたきさぶろう》氏は、著書『天皇制』（新版／ミュージアム図書、一九九七年）のなかで、「君主と人民との対立は西洋諸国のことで、日本では君主である天皇と人民とが一体をなしていて、すこしも対立することはないといわれるが、かりにいままではそうであったとしても、それは日本人がいままで君主主義のもとに封建と専制にならされ、自我の自覚も個性の意識もなく、自由の価値も平等の観念も理解しなかったことによる」と述べている。

つまり、天皇制の時代、日本の古き時代は「暗黒の時代」であって、学ぶべきものはないというのだ。

果たしてそうだろうか——。

日本の文化、伝統、日本人のアイデンティティを探求しようとすれば、歴史を再度見つめ直す必要がある。

「賢者は歴史に学ぶ」という言葉に象徴されるように、歴史のなかには、大きなヒントが隠されており、さらに、新しい発見の可能性も潜んでいる。

それは、決して復古というものではない。

また、前述の安岡正篤氏は、復古主義について次のように述べている。

「いかなる時代でも、人間味豊かな、人道的精神に純な人ほど、理想というものを描く。そういう理想の形態を、この悩みの多い人生・世の中に対して、ユートピアと言う。しかしこれは西洋人の言うことです。東洋民族と西洋民族、アジア人とヨーロッパ人とでは、それぞれに特徴があって、理想に対する考え方もだいぶ違います。ヨーロッパ人は理想というものを前にかける、未来に描く。これがユートピアであり、イメージ・ビジョンというものです。ところが東洋人は、もちろん我々日本人もその傾向が強いのでありますが、特に東洋人の代表である中国民族は、ただ単に理想を前にかける、次代に望む、というだけでは満足できない。ユートピアであればあるほど、イメージ・ビジョンであればあるほど、それはすでに自分たちの偉大な祖先によって実現されたもの、試験済みのもの、と観念したい——そういう要望を持つ。これをよく復古主義などと言うのでありますが、しかしこれは単に過去に憧憬《あこが》れるとか、懐古趣味とか、いうものではない。その実は後を向いて前を見ておる。過去を通して未来を考えておるのです」（前掲『〈安岡正篤　人間学講話〉論語の活学』）

このように、安岡氏は、過去と未来の考え方についての西洋と東洋の違いを説明したうえで、過去に学ぶ重要性を述べている。

現在の憲法改正論議のなかで、もっとも大切なことは、敗戦で失った日本、あるいは日本人の長所の「発掘」である。

いま、日本の歴史、文化、伝統に学び、誇りを持って、日本人の美徳を再発見し、それを現在および将来に、どう生かしていくかという「温故知新」の考え方が求められている。

もう一度、アインシュタインのいう「あらゆる国の歴史を超越する尊い国」を目指そうではないか。

「修身・斉家・治国・平天下」を

「修身・斉家《せいか》・治国《ちこく》・平天下《へいてんか》」という教えは、儒教の教典『大学』の中にある。

小学校などで見られる二宮金次郎《にのみやきんじろう》（尊徳《そんとく》）の銅像。薪《まき》を背負った金次郎が読んでいる書物、これが『大学』だ。

「修身・斉家・治国・平天下」

すなわち、「世界を平和にする」（平天下）には、「それぞれの国がしっかりと治まっていなければいけない」（治国）。それぞれの国がしっかりと治まるには、「それぞれの家庭がキチンと整っていなければいけない」（斉家）。家庭がキチンと整うには、「個々が身を修めていなければならない」（修身）ということだ。

身を修めるには、「仁《じん》」すなわち「思いやりの心」を持たなければならない。

それは、言い換えると、キリスト教の「愛」、仏教の「慈悲」なのだ。

現代の日本は、「一人で溺《おぼ》れたら、手で救える。天下が溺れるのは道によって救う」（『孟子』）という状態だ。

「身を修め、家庭を整え、自分の生まれた国を大切にし、そのもとに世界平和のため尽力《じんりょく》する」――そんな「修身・斉家・治国・平天下」の精神を、思い起こすべきではないだろうか。

聖徳太子の十七条憲法の美徳

西暦六〇四年に聖徳太子《しょうとくたいし》が制定した十七条《じゅうしち》憲法。

これは、当時の官僚の心得を説いたものであるが、これからの国のかたち、新憲法のあり方を考えるうえで、非常に参考になる。

たとえば、第一条にある「和を以《も》って貴しと為す」という言葉は、『論語』の「学而篇《がくじ》」にある「礼の用は和を貴しと為す」から来ており、「和」、つまり「平和」を構築するには、「他人を思いやる心」「助け合う心」を持ち、「おたがいを尊重し合いながら争いのない世の中をつくりましょう」という聖徳太子の理想が込められている。

そして官僚への戒《いまし》めについては、たとえば次のようなことが記されている。

第四条「すべての役人は、礼儀作法を正しくせよ」。

第五条「役人は、飲み食いをむさぼることをやめ、物質の欲を捨て、人民の訴えは公平に裁きなさい」。

第七条「人にはそれぞれの任務がある。職務にみだれのないようにせよ」。

第八条「すべての役人は、朝は早く役所に出て務め、夕べは遅く帰るようにせよ」。

第一二条「地方長官（国司・国造《くにのみやつこ》）は、勝手に人民から税をとりたててはならない」。

そして、締めくくりは第一七条「重大なことがらは、一人で決めてはならない。必ず多くの人とともに、相談すべきである」。

これは、「大事なことはみんなで話し合って決めなさい」ということだ。つまり、ここに今日の民主主義の基本が存在するのである。

天皇の代弁者としての聖徳太子は、この十七条憲法を軸に、官僚の権力濫用《らんよう》、堕落を食い止めてきたのである。

自民党「新憲法草案」をまとめる際、「前文に関する小委員会」委員長を務めた中曽根康弘元首相が、こんな逸話を話された。

「副総理をされた後藤田正晴《ごとうだまさはる》さんから私（中曽根氏）に、『憲法の前文をつくるに当たって、聖徳太子の十七条憲法を参考にしたらどうですか』と提案があった」と。

もちろん今日の憲法とは印象が異なる。しかしそこには、現代の日本人が忘れかけていた美徳、原点が隠されているのである。

経済的豊かさから精神的豊かさへ

ロンドン・スクール・オブ・エコノミクス名誉教授で、たびたび、ノーベル経済学賞の候補となった経済学者、森嶋通夫《もりしまみちお》氏。二〇〇四年七月に亡くなった森嶋氏は、最後に、著書『なぜ日本は行き詰ったか』（岩波書店、二〇〇四年）を著した。

これは「失われた一〇年」を分析したものであるが、森嶋氏は、経済的見地からではなく社会学的見地から分析し、「日本がなぜ経済的に繁栄したのか。それは儒教の精神が生きているからだ」と主張した。

かつての日本人は、最高の道徳教科書として儒教の経典「四書《ししょ》」（『大学』『中庸』『論語』

『孟子』）を読み、人間としての生き方の基本を学んだ。

実際、江戸時代の諸藩の政治指導者で、名君といわれた大名の多くは、まさに「儒教的名君」として、それぞれの藩民に尊敬され、信頼された。

それは、儒教の基本思想の一つである「君主自ら身を修めて模範となって指導すべき」という「為政以徳」（政治をするには徳〈道徳〉を以ってする）を実践していたからだ。

第三五代アメリカ大統領のジョン・F・ケネディは、「尊敬する日本人は上杉鷹山《うえすぎようざん》だ」と答えている。鷹山は、米沢藩の藩主で、「藩主は『民の父母』でなければならない」と「慈愛」の政治を貫きとおした人物だ。

鷹山が三五歳で藩主を退くに当たり、新藩主に送った「伝国の辞」。ここには、為政者のあるべき姿が書かれている。

一、国家は先祖より子孫へ伝え候国家にして我私すべき物には無之《これなく》候

（国家〈藩〉は、先祖から子孫に譲り伝えられたものであり、自分が国主〈藩主〉だからといって、好き勝手にしてはならない）

一、人民は国家に属したる人民にして我私すべき物には無之候

（人民はもともと国家〈藩〉に属しているものであって、国主〈藩主〉が自らのものと思っ

てはならない）
一、国家人民の為に立たる君にして君の為に立たる国家人民には無之候
（国家〈藩〉と人民のために奉仕する存在であって、自分のための国家〈藩〉や人民ではない）

鷹山は、儒教を精神的基盤とし、その教えを忠実に実行して、大改革を成し遂げたのである。

渋沢栄一の日本経済繁栄の秘訣

さらに、日本経済繁栄の秘訣を探求すると、渋沢栄一《しぶさわえいいち》に行き当たる。

渋沢は、明治維新の後、大蔵権大丞《ごんのたいじょう》を辞し、ビジネスの世界に入った。渋沢は、自分が大蔵省を辞めた理由について、概《おおむ》ねこのように述べている。

「当時の日本は政治でも教育でも着々改善すべき必要がある。しかし日本は商売がもっとも振るわぬ。これが振るわなければ日本の国富を増進することはできない。これはいかにしても他の方面と同時に商売を振興せねばならぬと考えた。

そのときまでは、商売に学問はいらないといわれ、学問を覚えればかえって害があるとも

いわれた。そこで不肖《ふしょう》ながら、学問をもって利益を図らなければならないと決断をして、役所を辞めて商売の世界に行く」

そのうえで、「私は論語で一生を貫いてみせる」と述べたのだ。

日本鉄道会社、日本郵船、東京瓦斯《ガス》、日本煉瓦《れんが》製造会社、帝国ホテル、日本興業銀行、東京電灯、京阪電気鉄道、帝国劇場……渋沢は生前、およそ五〇〇もの会社の経営にたずさわった。

渋沢は、まさに「論語と算盤《そろばん》」という「道徳と経済の一致」を実践したのである。

ところが、近年、大物政治家と呼ばれる人物や、日本を代表する大企業の経営者が道徳を忘れ信用を失いつつある。

名誉や富のみを求めた結果、精神的な教養が薄れ、知識や技術を追求するいっぽう、知恵を育むことを忘れた。

いま私たちは、憲法を始めとしたアメリカの占領政策のうち、解決されるべき残された重要問題に、自らの手で、自らの意思で、着手しようとしている。

それは、まさに、日本人のアイデンティティを取り戻すための大きなチャンスなのだ――。

第六章　新憲法はこうなる「早わかり憲法改正Q&A50」

なぜ憲法改正が必要なのか

Q1 どうしていま、憲法改正が必要なのですか？

一九四六年に、日本国憲法が公布されて以来、国内外の情勢が大きく変化しました。科学技術の進歩や少子高齢化の進展、グローバリズムなど、新たな課題の波が押し寄せてきています。

その結果、現行憲法は、現実にそぐわない部分が多くなりました。これまで日本は、憲法を自在に拡大解釈しながら、何とかその寿命を延ばしてきましたが、解釈の限界を超えるケースも増え、実状と矛盾《むじゅん》する条文も多々あります。

ところで、明治時代に制定された大日本帝国憲法は近代国家建設の礎《いしずえ》として歴史的意義を持つものではありましたが、その草案は、当時の元老や官僚というごく限られた人たちの手によって起草されたものでした。

そして日本国憲法も、占領政策の一環として、GHQが短期間でつくった、いわば「アメリカ製」なのです。

つまり、いずれも国民が自ら定めたものとはいえないのです――。

現在、多くの国民が、憲法改正を求めています。

二一世紀、そして、平成のいま、日本史上初めて国民自らの手で憲法を選び取る時が来たのです。

Q2 日本はこれまでに憲法を改正したことはありましたか？

一度もありません。

しかし、戦後の主要国の改正回数は、アメリカは六回、フランスは二七回、イタリアは一六回、ドイツに至っては、すでに五九回も憲法を改正しています。

どこの国も、つねに自分たちの国の憲法を見直して、その時代に合ったものにしようと努力を重ねているのです。

日本のように、一度も改正したことがないというのは、世界的に見ても極めて特殊な現象といわざるをえません。

新たな国家目標を示す前文

Q3 そもそも前文とは、どのようなものなのですか?

前文とは、その法律の理念や精神を述べたもので、物語でいう「プロローグ」に当たります。現行憲法では、国民が憲法制定権力（憲法を制定する権利）の持ち主であることを宣言したうえで、制定の目的や基本原理が書かれていますが、諸外国の前文を調べてみると、その内容は、国によってマチマチです。

たとえば、中国。中国の憲法は冒頭で、「世界で最も古い歴史を有する国家の一つである。中国の各民族の人民は、共同して輝かしい文化を創造し、光栄ある革命の伝統を持っている」と謳い、その後は、長々と、建国の父と呼ばれる毛沢東《もうたくとう》氏の偉大さや功績をつづってあります。

いっぽう、アメリカの憲法の前文は、わずか一文のみ。制定の目的を簡単に記しただけの非常にシンプルなものです。

なかには、制定の年月日を書いただけの、前文なしの憲法を持つ国もあります。

Q4 なぜ前文を変える必要があるのですか？

前文というのは、極めて重要な部分です。明治時代は、欧米先進諸国に追いつこうと、国内の経済発展とともに、軍事力を強化しようとする「富国強兵」が、国家目標として掲げられました。しかし、それが、太平洋戦争の敗戦で完全に挫折しました。

そして、戦後はもっぱら、経済的な豊かさの追求のみに力点を置き、その結果、世界第二位（現在、第三位）の経済大国になりましたが、同時に、政治家や官僚のモラルが低下し、日本を代表する企業が不正を働き、教育者は青少年の模範としての使命感をなくし、青少年の凶悪犯罪が世間を騒がしています。

物質的には豊かになったものの、物質的な豊かさを追求することだけに熱心であったために、精神的な豊かさは疎《おろそ》かになってしまいました。そして、自分の利益を中心に考えて、他人の利益は考えない利己主義が横行してしまいました。

いままさに、これまでのような経済的な豊かさの追求に代わる国家目標を前文に定め、それを国民がしっかりと共有する必要があります。「品格ある国家」を目指すべきなのです。

Q5

でも、いまの憲法の前文には「日本国民は、恒久の平和を念願し、人間相互の関係を支配する崇高な理想を深く自覚するのであって、平和を愛する諸国民の公正と信義に信頼して、われらの安全と生存を保持しようと決意した」とあり、それはすなわち「世界中の人々を日本は信用していますよ」という素晴らしい文言ですよね。

それは言い換えると、「日本だけが悪い国で、周辺諸国はすべて良い国です。日本さえ戦争を起こさなければ世界は平和です」ということです。

ところがどうですか。北朝鮮による日本人拉致事件を思い出してください。二〇〇二年九月一七日、小泉純一郎首相が平壌に乗り込んでいったら、金正日総書記は、「日本人を拉致しました」と認めたではないですか。いきなり北朝鮮の工作員が日本に来て、何の罪もない、日本人を掻《か》っ攫《さら》うのが、彼《か》の国のやり方なのです。

それでも「諸国民の公正と信義に信頼」できますか。決して、すべての国の人々が悪人とは言いませんが、そういう国もあることを自覚する必要があるのではないでしょうか。

皆さんは、出掛けるとき、あるいは寝ているときに、自分の家の玄関のドアに鍵を掛けますよね。いまの憲法の前文は、「泥棒さん。あなたを信用しています」という紙を玄関のドアに貼って鍵は掛けないでいるようなものなのです。

いまの憲法の前文には、異常さを感じる部分が多々あります。

Q6 前文の改正のポイントは何ですか？

現行憲法の前文は、全体が翻訳調でつづられており、日本語として違和感があります。そして、その内容にも問題があります。

前文は、我が国の歴史・伝統・文化を踏まえた文章であるべきですが、現行憲法の前文には、そうした点が表れていません。

また、前文は、いわば憲法の「顔」として、その基本原理を簡潔に述べるべきものです。現行憲法の前文には、憲法の三大原則のうち「主権在民」と「平和主義」はありますが、「基本的人権の尊重」はありません。

特に問題なのは、「平和を愛する諸国民の公正と信義に信頼して、われらの安全と生存を保持しようと決意した」という部分です。これは、ユートピア的発想による自衛権の放棄にほかなりません。

こうしたことを踏まえ、現行憲法の前文を全面的に書き換えることとしました。

（改正した前文の内容）

第一段落では、我が国は、長い歴史と固有の文化を持ち、国民統合の象徴である天皇を戴《いただ》く国家であることを明らかにし、また、主権在民の下、三権分立に基づいて統治されることを謳います。

第二段落では、戦後の歴史に触れたうえで、平和主義の下、世界の平和と繁栄のために貢献することを謳います。

第三段落では、国民は国と郷土を自ら守り、家族や社会が助け合って国家を形成する自助、共助の精神を謳います。その中で、基本的人権を尊重することを求めました。「和の精神は、聖徳太子以来の我が国の徳性である」ため、ここに「和を尊び」という文言を入れました。

第四段落では、自民党の綱領の精神でもある「自由」を掲げるとともに、自由は規律を伴うものであることを明らかにしたうえで、国土と環境を守り、教育と科学技術を振興し、活力ある経済活動を通じて国を成長させることを謳います。

第五段落では、伝統ある我が国を末永く子孫に継承することを謳い、新憲法を制定することを宣言します。

新しい天皇の行為に関する規定は

Q7　まず「天皇」についてですが、よく「天皇は元首なのか」という議論があります。そもそも元首とはいったい、どのようなものを指すのですか？

「天皇は元首なのか」という議論についてですが、もともと元首というのは「行政権を握っているもの」とされてきましたが、日本では、歴史的に見ると、天皇が政治的に実権を握っていたのは、大化《たいか》の改新と建武《けんむ》の中興の間、そして大政奉還以降の約八〇年間に過ぎません。

その他の大部分は政治の実権は藤原氏、平氏、源氏、北条氏、足利氏、織田氏、豊臣氏、徳川氏といった実力者が握り、その間の天皇の地位は、彼らを超越した存在でした。

また、元首の概念は、極めて曖昧《あいまい》なもので、国を代表する地位と権限を有し、実際にその権限を行使するものが元首という考え方もあれば、名目的には国を代表する地位と権限を有するが、実際には行使しないという説もあり、さらには、名目的にも限られた権限しか有しないものという説もあります。

ただし一般的には、「国を対外的に代表するもの」を指し、アメリカ、ロシア、ドイツでは大統領、イギリスでは王（現在は女王）がそれに当たります。

Q8 では、いまの日本の天皇は元首なのですか？

国際社会の慣行上、「日本の元首は天皇である」とされています。

現行憲法の第七条に規定された天皇の国事行為のなかの八号には、「批准《ひじゅん》書及び法律の定めるその他の外交文書を認証すること」、そして九号には、「外国の大使及び公使を接受すること」とありますから、まさに「国を対外的に代表するもの」といえますね。

新しい憲法草案をつくる過程でも、「天皇を元首として規定すべきだ」という意見が出るのは当然です。

ただし、「象徴天皇制は日本国の歴史のなかで定着しており、国民の意識のなかでも非常に融和しているので、継続すべき」「権威と権力を切り離して、非常にうまくバランスをとってきたから、象徴天皇制を大事にしていかなければいけない」などの理由から、「象徴」という言葉を、そのまま残すことになったのです。

その後、「日本国憲法改正草案」では、天皇を元首としました。

「君臨すれども、統治せず」、まさに天皇は権威であり、権力ではありません。たとえば「鳩によって平和を象徴」「日の丸によって日本を象徴」するように、天皇によって「日本と日本国民統合を象徴」しているわけです。

そもそも、国家の「象徴」という言葉は、一九三一年に成立したイギリスの法律「ウェストミンスター憲章」に由来し、そこには、「イギリス国王はイギリス連邦連帯の象徴」と書かれています。

また、イギリスの政治学、憲法学説のなかでも、国王の地位を説明する用語として「象徴」という語が使われてきました。

この言葉が日本だけのものでないことが分かるでしょう。

私たちには、祖先から受け継いだこの美しい国を、今後、しっかりと子孫に渡すべき使命があります。

天皇は、このような過去、現在、そして将来の、日本国、日本国民を統合する象徴でもあるのです。

Q9 女性天皇はどうなるのですか？

女性天皇は、過去に八人存在しました。聖徳太子が摂政《せっしょう》を務めた推古《すいこ》天皇は有名ですね。新しい憲法草案では、具体的には性別に触れず、皇室典範《こうしつてんぱん》において、規定するか否《いな》かを議論することとなりました。

なお、女性天皇を論ずる際、その前提として、「女性天皇」と「女系天皇」はまったく意味が異なることを認識しなければなりません。

たとえば、皇太子殿下の長女である愛子《あいこ》さまが即位された場合、「男系の女性天皇」となり、歴史上、八人いた女性天皇と同じ意味合いになりますが、愛子さまのお子さまが即位するとなると、皇統は「男系」から「女系」になります。

これは「万世一系《ばんせいいっけい》」の歴史と伝統を断ち切ることになりますから、今後の大きな議論の焦点になるでしょう。

Q10 天皇を「元首」としたのはどうしてですか？

「日本国憲法改正草案」では、第一条で、天皇が元首であることを明記しました。元首とは、英語ではHead of Stateであり、国の第一人者を意味します。明治憲法には、天皇が元首であるとの規定が存在していました。また、外交儀礼上でも、天皇は元首として扱われています。

したがって、我が国において、天皇が元首であることは紛《まぎ》れもない事実ですが、それをあえて規定するかどうかという点で、議論がありました。

世俗の地位である「元首」とあえて規定することにより、かえって天皇の地位を軽《かろ》んずることになるといった意見もあるでしょうが、天皇を元首と規定することとしました。

Q11 国旗・国歌及び元号を規定したのはなぜですか？

我が国の国旗及び国歌については、すでに「国旗及び国歌に関する法律」によって規定されていますが、国旗・国歌は一般に国家を表象的に示すいわば「シンボル」であり、また、国旗・国歌をめぐって教育現場で混乱が起きていることを踏まえ、第三条に明文の規定を置くこととしました。

当初案は、国旗及び国歌を「日本国の表象」とし、具体的には法律の規定に委《ゆだ》ねることとしていました。しかし、我々がいつも「日の丸」と呼んでいる「日章旗」と「君が代」は不変のものであり、具体的に固有名詞で規定しても良いと考えました。

また、第三条2項に、国民は国旗及び国歌を尊重しなければならないとの規定を置きましたが、国旗及び国歌を国民が尊重すべきであることは当然のことであり、これによって国民に新たな義務が生ずるものではありません。

さらに、第四条に元号の規定を設けました。この規定については、現在の「元号法」の規定をほぼそのまま採用したものであり、一世一元の制を明定したものです。

Q12 そのほかに天皇に関連して、どのような規定を置いたのですか？

第六条に天皇の国事行為等に関する規定を置きましたが、現行憲法を一部変更しているところがあります。

(国事行為には内閣の「進言」が必要)

現行憲法では、天皇の国事行為には内閣の「助言と承認」が必要とされていますが、天皇の行為に対して「承認」とは礼を失することから、「進言」という言葉に統一しました(第六条4項)。従来の学説でも、「助言と承認」は一体的に行われるものであり、区別されるものではないというものが有力であり、「進言」に一本化したものです。

(天皇の公的行為を明記)

さらに、第六条5項に、現行憲法には規定がない「天皇の公的行為」を明記しました。

現に、国会の開会式で「おことば」を述べること、国や地方自治体が主催する式典に出席することなど、天皇の行為には公的な性格を持つものがあります。しかし、こうした公的な性格を持つ行為にもかかわらず、現行憲法上何ら位置付けがなされていません。そこで、こうした公的行為について、憲法上明確な規定を設けるべきであると考えました。

一部の政党は、国事行為以外の天皇の行為は違憲であると主張し、天皇の御臨席を仰いで行われる国会の開会式にいまだに出席していません。天皇の公的行為を憲法上明確に規定することにより、こうした議論を結着させることになります。

（国事行為の基本に変更なし）

なお、第六条2項では、天皇の国事行為について列記されていますが、規定を分かりやすく若干整理したものの、基本は現行憲法と変えていません。

憲法第九条の変更で徴兵制に？

Q13 「日本の憲法は世界に誇る理想憲法」と言われます。その中心が、やはり憲法第九条だと思いますが、戦争放棄規定を設けているのは日本だけですよね？

それはまったく違います。確かに今の憲法の第九条1項には、「国際紛争を解決する手段としては、永久にこれ（引用者注：国権の発動たる戦争と武力による威嚇《いかく》または武力行使）を放棄する」とあります。

しかし、第二次世界大戦の敗戦国であるイタリアでも「国際紛争解決の手段としての戦争を放棄」（憲法第一一条）という規定を設けていますし、ドイツでも、基本法第二六条で「侵略戦争の遂行を準備する行為は違憲である。このような行為は処罰されなければならない」と明文化されています。

戦争放棄は、一九二八年調印のパリ不戦条約（戦争放棄に関する条約）に原点があり、「国家の政策の手段としての戦争を放棄する」と規定した不戦条約の父というべきアメリカの国務長官のフランク・ビリングス・ケロッグも、「この条約は、外敵の侵略から自らを守るという自衛権に基づく戦争は容認して、そのための軍備も、必要と認められる限度において、それぞれの国家が保持すべきものである」と述べています。

そして、この精神は、一九三一年のスペイン憲法、一九三五年のフィリピン憲法へと受け継がれました。

国連憲章第二条4項でも、「すべての加盟国は（中略）武力による威嚇又は武力の行使を、いかなる国の領土保全又は政治的独立に対するものも、また、国際連合の目的と両立しない他のいかなる方法によるものも慎まなければならない」と規定しています。

ですから、戦争放棄というのは、世界共通のものなのです。同じような規定を持つ国は、他にフランス、ブラジル、韓国、カンボジアなどもあります。

だから、「日本には、戦争放棄の素晴らしい理想憲法があるから、世界中がこれを手本にすれば、世の中は平和になる」という主張は、どうにも独善的な感じがしてなりません。

Q14 第九条1項の戦争の放棄について、どのように考えているのですか？

現行憲法第九条1項については、一九二九年に発効したパリ不戦条約一条を翻案して規定されたものであり、「もっと分かりやすい表現にすべきである」という意見もありますが、日本国憲法の三大原則の一つである平和主義を明記した規定であることから、基本的には変更しないこととしています。

ただし、文章の整理として、「放棄する」は戦争のみに掛け、「国際紛争を解決する手段として」は、「武力による威嚇」及び「武力の行使」は「用いない」としました。一九世紀的な宣戦布告をして行われる「戦争」は国際法上すでに一般的に「違法」とされていることを踏まえたうえで、法文の意味をより明確にするという趣旨から行った整理です。

このような文章の整理を行っても、第九条1項の基本的な意味は、従来と変わりません。新たな第九条1項で全面的に放棄するとしている「戦争」は、国際法上一般的に「違法」とされているところです。また、「戦争」以外の「武力の行使」や「武力による威嚇」が行わ

れるのは、

①侵略目的の場合

②自衛権の行使の場合

③制裁の場合

の三つの場合に類型化できますが、第九条1項で禁止されているのは、あくまでも「国際紛争を解決する手段として」の武力行使等に限られます。この対象を①の「侵略目的の場合」に限定する解釈は、パリ不戦条約以来確立しているところです。

したがって、第九条1項で禁止されるのは「戦争」及び侵略目的による武力行使（上記①）のみであり、自衛権の行使（上記②）や国際機関による制裁措置（上記③）は、禁止されていないものとします。

Q 15

戦力の不保持や交戦権の否認を定めた現第九条2項を削って、新第九条2項で自衛権を明記していますが、どのような議論があったのですか？また、集団的自衛権については、どう考えていますか？

新たな第九条2項として、「自衛権」の規定を追加。これは、従来の政府解釈によっても認められている、主権国家の自然権（当然持っている権利）としての「自衛権」を明示的に規定したものです。

この「自衛権」には、国連憲章が認めている個別的自衛権や集団的自衛権が含まれていることは、言うまでもありません。

また政府は、集団的自衛権について「保持していても行使できない」という解釈をとってきましたが、「行使できない」とすることの根拠は「第九条1項・2項の全体」の解釈によるものとされています。このため、その重要な一方の規定である現行2項（「戦力の不保持」等を定めた規定）を削除したうえで、新2項で、改めて「前項の規定は、自衛権の発動を妨げるものではない」と規定し、自衛権の行使には、何らの制約もないように規定しました。

もっとも、草案では、自衛権の行使について憲法上の制約はなくなりますが、政府が何でもできるわけではなく、それに伴う法律の根拠が必要です。国家安全保障基本法のような法律を制定して、いかなる場合、そして、どのような要件を満たすときに自衛権が行使できるのか、明確に規定することが必要です。

この憲法と法律の役割分担に基づいて、具体的な立法措置がなされていくことになります。

Q16 「日本国憲法改正草案」で、「自衛隊」を「国防軍」に変えたのは、なぜですか？

「日本国憲法改正草案」では、第九条の二として、「国防軍」の規定を置きました。

その1項は、「我が国の平和と独立並びに国及び国民の安全を確保するため、内閣総理大臣を最高指揮官とする国防軍を保持する」と規定しています。世界中を見ても、都市国家のようなものを除き、一定の規模以上の人口を有する国家で軍隊を保持していないのは、日本だけであり、独立国家が、その独立と平和を保ち、国民の安全を確保するため軍隊を保有することは、現代の世界では常識です。

国防軍に対する「文民統制」の原則（注参照）に関しては、①内閣総理大臣を最高指揮官とすること、②その具体的な権限行使は国会が定める法律の規定によるべきこと、などを条文に盛り込みます。

また、第九条の二3項には、国防軍が行える活動として、次のとおり規定されています。

①我が国の平和と独立並びに国及び国民の安全を確保するための活動（1項に規定されている国防軍保持の本来の目的に係る活動です）

②国際社会の平和と安全を確保するために国際的に協調して行われる活動（これについては

次のQ17で詳述します）

③公の秩序を維持し、又は国民の生命若《も》しくは自由を守るための活動（治安維持や邦人救出、国民保護、災害派遣などの活動です）

（注）文民が、軍人に対して指揮統制権を持つという原則（シビリアン・コントロールの原則）

Q17 国防軍は、国際平和活動に参加できるのですか？

参加できます。

第九条の二3項において、国防軍は、「我が国の平和と独立並びに国及び国民の安全を確保するため」の任務を遂行する活動のほか、「国際社会の平和と安全を確保するために国際的に協調して行われる活動」を行えることと規定し、国防軍の国際平和活動への参加を可能にしました。

その際、国防軍は、軍隊である以上、法律の規定に基づいて、武力を行使することは可能であると考えています。また、集団安全保障における制裁行動についても、同様に可能であると考えています。

Q18 徴兵制を復活させようとしているのですか？

第九条改正反対の陣営の人からよく聞く話です。

それはとんでもない誤解です。国民世論の動向を見ても、徴兵制を支持する向きはありません。

これまでに北朝鮮による日本人拉致事件のことを書きましたが、自民党が徴兵制を復活させようとしているという人たちは、かつて、反米と非武装中立を唱え、ソ連や中国に同調して北朝鮮を支援し、「北朝鮮は善」「韓国は悪」とのレッテルを貼った人たちです。

しかも、彼らは、あの凶暴な独裁者である北朝鮮の金日成《キムイルソン》、金正日を「賢明な指導者」と礼讃《らいさん》し、アメリカのブッシュ大統領やイラク戦争は批判しても、拉致や中国による原子力潜水艦の領海侵犯事件にはまったく触れようとしません。

アメリカのある識者は、「共産主義は、本山のソ連邦崩壊で破綻《はたん》してしまったが、マルキシズムを信奉している人間がまだまだいて、憲法問題や教科書問題などの障害になっている日本の現状を思うと、イデオロギーとの戦いは時間がかかるものだと改めて感じさせられる」と述べていますが、まさに彼らは憲法改正における大きな障害になっています。

繰り返しますが、徴兵制はあり得ません。最近は徴兵制から志願制に変更する国はありますが、志願制から徴兵制に変えようという国はありません。

それは、現代では科学技術の発展に伴いハイテク兵器が主流となったことから、技術の習得に時間がかかり、専門性が重視されるようになったからです。世界の主流は志願制へと移行しているのです。

Q19 国防軍に審判所を置くのは、なぜですか？

第九条の二の5項に、軍事審判所の規定を置き、軍人等が職務の遂行上、罪を犯したり、軍の機密を漏洩《ろうえい》したときの処罰について、通常の裁判所ではなく、国防軍に置かれる軍事審判所で裁かれるものとしました。

審判所とは、いわゆる軍法会議のことです。

軍事上の行為に関する裁判は、軍事機密を保護する必要があり、また、迅速な実施が望まれることに鑑《かんが》みて、このような審判所の設置を規定しました。

具体的なことは別に法律で定めることになりますが、裁判官や検察、弁護側も、主に軍人のなかから選ばれることが想定されます。なお、審判所の審判に対しては、裁判所に上訴することができます。

諸外国の軍法会議の例を見ても、原則、裁判所へ上訴することができることとされています。この軍事審判を一審制とするのか、二審制とするのかは、立法政策によります。

Q20 「領土等の保全等」について規定を置いたのは、なぜですか？　国民はどう協力すればいいのですか？

領土は、主権国家の存立の基礎であり、それゆえ国家が領土を守るのは当然のことです。あわせて、単に領土等を守るだけでなく、資源の確保についても、規定しました。

議論のなかでは、「国民の『国を守る義務』について規定すべきではないか」という意見が多く出されました。しかし、仮にそうした規定を置いたときには、「国を守る義務」の具体的な内容として、徴兵制論議が復活してくることになりかねないので、憲法上規定を置くことは困難であると考えました。

そこで、前文において「国を自ら守る」と抽象的に規定するとともに、第九条の三として、国が「国民と協力して」領土等を守ることを規定した次第です。

領土等を守ることは、単に地理的な国土を保全することだけでなく、我が国の主権と独立を守ること、さらには国民一人一人の生命と財産を守ることにもつながるものなのです。

もちろん、この規定は、軍事的な行動を規定しているのではありません。国が、国境離島において、避難港や灯台などの公共施設を整備することも領土・領海等の保全に関わるものですし、海上で資源探査を行うことも考えられます。

加えて、「国民との協力」に関連して言えば、国境離島において、生産活動を行う民間の行動も、我が国の安全保障に大きく寄与することになります。

自由と権利には義務と責任が

Q21 第一二条の「公益及び公の秩序」とは、いったい何を指すものなのですか？

これは、従来の「公共の福祉」の意味を、より鮮明に、分かりやすくするために置き換えたものです。簡単に言うと「みんなの幸せ」です。

いまの憲法の根底にある思想は、西洋流の「個人主義」であると言われています。

そもそも、個人主義とは、「個々の人間の自由と権利が、人間社会の目標である」という考え方で、同時に、それは「他人の自由と権利を尊重する責任と義務」「国への責任と義務」も内包しているのです。

ところが戦後、個人主義は、利己主義へと変質してしまいました――。

アメリカの第三五代大統領のジョン・F・ケネディの大統領就任演説での有名な言葉を思い出してください。ケネディ大統領は、「国家があなたに何をしてくれるかを問うのではなく、あなたが国家に対して何ができるかを問うてほしい（Ask not what your country can do for you. Ask what you can do for your country）」と述べていますね。

自分だけの自由や権利ばかりを主張して、「他人の自由と権利を尊重する責任と義務」や「国への責任と義務」は何にも果たさない。それにもかかわらず、「他人がどうなろうとも、自分さえ良ければ、それで良い」「国は何もしてくれない」と言うのは、単なる「独りよがりの人権主張」です。

憲法学の世界では、「憲法は国民が国家権力者を管理するもの」といった考え方が定着していますし、いっぽう、「憲法は国民を国家権力者が管理するもの」という主張もありますから、どうしても国家と国民が対立してしまいます。

しかし西修《にしおさむ》駒澤大学名誉教授は、こう述べています。

「新しい憲法概念は、国家からの自由、あるいは国家への自由（社会権）という視点だけでなく、国民全体がいかによき国家と世界を築きあげていくかを示す基本的な法文書と位置づけるべきである。それゆえ、国家論だけでなく、国民論も展開されなければならない。再びスイス憲法（引用者注：二〇〇〇年一月一日施行）を引けば、六条は、以下のように規定する。『何人《なんぴと》も、自己に責任を負い、国家および社会における課題を達成するために、それぞれの能力に応じて、貢献しなければならない』。

いまや国家対国民という対立関係を前提とした従来の憲法概念から脱して、新しい憲法論、国家論、国民論が構築されなければならない」（「中央公論」二〇〇五年六月号、中央公論新社）

今後は、こうした視点も大事だと考えます。そして同時に、「憲法は権力者の暴走を防止するものである」という点も忘れてはなりません。

Q22 国民の権利及び義務について、どのような方針で規定したのですか？

国民の権利及び義務については、現行憲法が制定されてからの時代の変化に的確に対応するため、国民の権利の保障を充実していくということを考えました。

そのため、新しい人権に関する規定をいくつか設けました。

また、権利は、共同体の歴史、伝統、文化のなかで徐々に確立されてきたものです。したがって、人権規定も、我が国の歴史、文化、伝統を踏まえたものであることも必要だと考えます。

現行憲法の規定のなかには、西欧の天賦《てんぷ》人権説に基づいて規定されていると思われるものが散見されることから、こうした規定は改める必要があると考えました。

たとえば、現行憲法第一一条の「基本的人権は、……現在及び将来の国民に与へられる」という規定は、「基本的人権は、侵すことのできない永久の権利である」と改めました。

Q23 しかし、国家の公益のために、個人の自由や権利を否定するのは問題ではないでしょうか？

別に、自由や権利を否定しているものではありません。

いうまでもなく、権利があってこそ、私たちは束縛や従属から解放され、自由が保たれるわけです。

しかし、自由や権利をあまりに広げすぎれば、規制が緩《ゆる》んで、秩序が乱れ、国家や社会が成り立たなくなります。

国家や社会のなかで「共に生きる」ということから生まれてくる責任と義務をしっかり位置付けることによって、私たちの目指す「共生社会」の土台ができるのです。

Q24 「公共の福祉」を「公益及び公の秩序」に変えたのは、なぜですか？

従来の「公共の福祉」という表現は、その意味が曖昧《あいまい》で、分かりにくいものです。そのため学説上は「公共の福祉は、人権相互の衝突の場合に限って、その権利行使を制約するものであって、個々の人権を超えた公益による直接的な権利制約を正当化するものではない」などという解釈が主張されています。

このように意味が曖昧である「公共の福祉」という文言《もんごん》を「公益及び公の秩序」と改正することにより、憲法によって保障される基本的人権の制約は、人権相互の衝突の場合に限られるものではないことを明らかにしたものです。

なお、「公の秩序」と規定したのは、「反国家的な行動を取り締まる」ことを意図したものではありません。

「公の秩序」とは「社会秩序」のことであり、平穏な社会生活のことを意味します。個人が人権を主張する場合に、他人に迷惑を掛けてはいけないのは、当然のことです。そのことをより明示的に規定しただけであり、これにより人権が大きく制約されるものではありません。

時代に即した「新しい人権」

Q25 「新しい人権」について、どのような規定を置いたのですか？

現在の憲法が施行されてから六十有余年、この間の時代の変化に的確に対応するため、国民の権利の保障を一層充実していくことは、望まれるところです。

「通常の法律で保障すれば良い」という意見もありますが、憲法に規定を設けることで、法律改正だけでは国民の権利を廃止することができなくなりますので、国民の権利の保障はより手厚くなります。

「日本国憲法改正草案」では、「新しい人権」（国家の保障責務の形で規定されているものを含む）については、次のようなものを規定しています。

（1）個人情報の不当取得の禁止等（第一九条の二）

いわゆるプライバシー権の保障に資するため、個人情報の不当取得等を禁止します。

（2）国政上の行為に関する国による国民への説明の責務（第二一条の二）

国の情報を、適切に、分かりやすく国民に説明しなければならないという責務を国に負わせ、国民の「知る権利」の保障に資することとします。

（3）環境保全の責務（第二五条の二）

国は、国民と協力して、環境の保全に努めなければならないこととします。

（4）犯罪被害者等への配慮（第二五条の四）

国は、犯罪被害者及びその家族の人権及び処遇に配慮しなければならないこととします。

なお、（2）から（4）までは、国を主語とした人権規定としています。これらの人権は、まだ個人の法律上の権利として主張するには熟していないことから、まず国の側の責務として規定します。

Q26 家族に関する規定は、どのように変えたのですか？

家族は、社会の極めて重要な存在ですが、昨今、家族の絆《きずな》が薄くなってきていると言われています。

こうしたことに鑑《かんが》みて、第二四条1項に家族の規定を新設し、「家族は、社会の自然かつ基礎的な単位として、尊重される。家族は、互いに助け合わなければならない」と規定しました。

なお、前段については、世界人権宣言第一六条3項も参考にしました。

「親子の扶養義務についても明文の規定を置くべきである」との意見もありますが、それは基本的に法律事項であることや、「家族は、互いに助け合わなければならない」という規定を置いたことから、採用しません。

（参考）世界人権宣言第一六条3項

家庭は、社会の自然かつ基礎的な集団単位であり、社会及び国による保護を受ける権利を有する。

Q27 教育環境の整備について規定を置いたのは、なぜですか？

「日本国憲法改正草案」では、第二六条3項に国の教育環境の整備義務に関する規定を新設し、「国は、教育が国の未来を切り拓《ひら》く上で欠くことのできないものであることに鑑み、教育環境の整備に努めなければならない」と規定しました。

この規定は、国民が充実した教育を受けられることを権利と考え、その環境を整備することを国の義務として規定したものです。

具体的には、教育関係の施設整備や私学助成などについて、国が積極的な施策を講ずることを考えています。

Q28 公務員の労働基本権の制約について規定を置いたのは、なぜですか？

「日本国憲法改正草案」では、第二八条2項に公務員に関する労働基本権の制限の規定を新設し、「公務員については、全体の奉仕者であることに鑑み、法律の定めるところにより、前項に規定する権利の全部又は一部を制限することができる。この場合においては、公務員の勤労条件を改善するため、必要な措置《そち》が講じられなければならない」と規定しました。

現行憲法下でも、人事院勧告などの代償措置を条件に、公務員の労働基本権は制限されていることから、そのことについて明文の規定を置いたものです。

Q29 「日本国憲法改正草案」には、そのほか、国民の権利及び義務に関して、どのような規定がありますか？

国民の権利及び義務に関しては、これまでに述べたもののほか、次のような規定を置いています。

(1) 国等による宗教的活動の禁止規定の明確化（第二〇条3項）

国や地方自治体等による宗教教育の禁止については、特定の宗教の教育が禁止されるものであり、一般教養としての宗教教育を含むものではないという解釈が通説です。そのことを条文上明確にするため、「特定の宗教のための教育」という文言に改めました。

さらに、最高裁判所の判例を参考にして後段を加え、「社会的儀礼又は習俗的行為の範囲を超えないもの」については、国や地方自治体による宗教的活動の禁止の対象から外しました。これにより、地鎮祭《じちんさい》に当たって公費から玉串料《たまぐしりょう》を支出するなどの問題が現実に解決されます。

(2) 公益及び公の秩序を害することを目的とした活動等の規制（第二一条2項）

オウム真理教に対して破壊活動防止法が適用できなかったことの反省などを踏まえ、公益や公の秩序を害する活動に対しては、表現の自由や結社の自由を認めないこととしました。内心の自由はどこまでも自由ですが、それを社会的に表現する段階になれば、一定の制限を受けるのは当然です。

なお、「公益及び公の秩序を害することを目的とした」活動と規定しており、単に「公益や公の秩序に反する」活動を規制したものではありません。

(3) 在外国民の保護（第二五条の三）

グローバル化が進んだ現在、海外にいる日本人の安全を国が担保する責務を憲法に書き込むべきであるとの観点から、規定を置きました。

(4) 知的財産権（第二九条2項）

第二九条2項後段に、「知的財産権については、国民の知的創造力の向上に資するように配慮しなければならない」と規定しました。特許権等の保護が過剰になり、かえって経済活動の大きな妨げにならないよう配慮することとしたものです。

官僚主導から脱した国会と内閣

Q30 一院制を採用すべきとの議論はなかったのですか？

一院制を採用すべきか否かは最も大きな議論のあったテーマであり、「一院制を採用すべき」との意見も多く出されました。

しかしながら、「日本国憲法改正草案」は、サンフランシスコ平和条約発効六〇周年を機に、自主憲法に値する憲法草案を策定することを目的に、それまでの草案の見直しを行ってできたものです。

一院制の導入の具体化には、詳細な制度設計を踏まえた慎重な議論が必要ですが、合意形成の手続きがなお必要です。

このため、今後、二院制の在り方を検討するなかで、一院制についても検討することとしました。

Q31 衆議院で法律案を再議決するのに必要な要件の「三分の二の賛成」を緩和すべきとの議論は、なかったのですか？

第五九条2項では、衆議院で可決し、参議院で否決された法律案を衆議院で再議決する場合には、出席議員の「三分の二」以上の賛成が必要としています。

「三分の二以上の賛成から引き下げて、ねじれ現象ができるだけ起きないようにすべきではないか」という意見や、要件を「過半数とする」という意見もあるでしょう。

他方で、それでは「参議院の存在を否定するものだ」という意見も多くある。間を取って五分の三とする意見もありますが、法令上議決権の規定で五分の三というのも前例がなく、この部分の変更はしませんでした。

Q32 「日本国憲法改正草案」で国会議員の選挙制度に関する規定を変えたのは、なぜですか？

第四七条（選挙に関する事項）に後段を設け、「この場合においては、各選挙区は、人口を基本とし、行政区画、地勢等を総合的に勘案して定めなければならない」と規定しました。

これは最近、一票の格差について違憲状態にあるという最高裁判所の判決が続いていることに鑑み、選挙区は、単に人口のみによって決められるものではないことを明示したものです。

ただし、この規定もあくまで「人口を基本と」することとし、一票の格差の是正をする必要がないとしたものではありません。

選挙区を設ければ必ず格差は生ずるので、それには一定の許容範囲があることを念のため規定したに過ぎません。

なお、この規定は、衆議院議員選挙区画定審議会設置法第三条の規定を参考にして加えたものであり、現行法制を踏まえたものです。

（参考）衆議院議員選挙区画定審議会設置法

第三条　前条の規定による改定案の作成は、各選挙区の人口の均衡を図り、各選挙区の人口（官報で公示された最近の国勢調査又はこれに準ずる全国的な人口調査の結果による人口をいう。以下同じ）のうち、その最も多いものを最も少ないもので除して得た数が二以上とならないようにすることを基本とし、行政区画、地勢、交通等の事情を総合的に考慮して合理的に行わなければならない。

Q33 「日本国憲法改正草案」でそのほか、国会に関して、どのような規定を置いたのですか？

(第四四条　議員及び選挙人の資格）

第四四条は、両議院の議員及びその選挙人の資格に関する規定です。第一四条の法の下の平等の規定に合わせて、差別の禁止項目に、「障害の有無」を加えました。

（第五二条　通常国会／第五三条　臨時国会）

第五二条は、通常国会についての規定です。同条に2項を設け、通常国会の会期を「法律で定める」と規定しました。会期の延長については、特に規定を置きませんでしたが、これも法律委任のなかに含まれると解しています。

第五三条は、臨時国会についての規定です。現行憲法では、いずれかの議院の総議員の四分の一以上の要求があれば、内閣はその召集を決定しなければならないことになっていますが、臨時国会の召集期限については規定がなかったので、「要求があった日から二〇日以内に臨時国会が召集されなければならない」と規定しました。

「少数会派の濫用が心配ではないか」との意見もありますが、「臨時国会の召集要求権を少数者の権利として定めた以上、きちんと召集されるのは当然である」と考えるべきです。

（第五六条　表決及び定足数）

現行憲法第五六条1項は、両議院の本会議の定足数についての規定で、「両議院は、各々その総議員の三分の一以上の出席がなければ、議事を開き議決することができない」とされています。この定足数を議決だけの要件とするため、第五六条2項で、「両議院の議決は、各々その総議員の三分の一以上の出席がなければすることができない」と規定しました。

（第六三条　内閣総理大臣等の議院出席の権利及び義務）

現行憲法第六三条の後段で定められている、内閣総理大臣等の議院出席の義務を、同条2項として規定し、「内閣総理大臣及びその他の国務大臣は、答弁又は説明のため議院から出席を求められたときは、出席しなければならない。ただし、職務の遂行上特に必要がある場合は、この限りでない」としました。

このただし書きは、出席義務の例外を定めたもので、現行憲法にはない規定です。特に外務大臣などは重要な外交日程があることが多いので、国会に拘束されることで国益が損なわれないようにするという配慮から置いたものです。

（第六四条の二　政党）

政党については、現行憲法に規定がなく、政党法も存在せず、法的根拠がないので、政治団体の一つとして整理されてきましたが、政党は現代の議会制民主主義にとって不可欠な要素となっていることから、憲法上位置付けたものです。

憲法にこうした規定を置くことにより、政党助成や政党法制定の根拠になると考えます。政党法の制定に当たっては、党内民主主義の確立、収支の公開などが焦点になるものと考えられます。

Q34 「日本国憲法改正草案」では、内閣総理大臣の権限を強化したということですが、具体的には、どのような規定を置いたのですか？

現行憲法では、行政権は、内閣総理大臣その他の国務大臣で組織する「内閣」に属するとされています。内閣総理大臣は、内閣の首長であり、国務大臣の任免権などを持っていますが、そのリーダーシップをより発揮できるよう、内閣総理大臣が、内閣（閣議）に諮《はか》らないでも、自分一人で決定できる「専権事項」を、以下のとおり、三つ設けました。

（1）行政各部の指揮監督・総合調整権
（2）国防軍の最高指揮権
（3）衆議院の解散の決定権

（1）行政各部の指揮監督・総合調整権

現行憲法及び内閣法では、内閣総理大臣は、すべて閣議にかけた方針に基づかなければ行政各部を指揮監督できないことになっていますが、内閣総理大臣が単独で（閣議にかけなくても）、行政各部の指揮監督、総合調整ができると規定しました。

（2）国防軍の最高指揮権

第七二条3項で、「内閣総理大臣は、最高指揮官として、国防軍を統括する」と規定しました。内閣総理大臣が国防軍の最高指揮官であることは第九条の二－1項にも規定しましたが、内閣総理大臣の職務としてこの条でも再度規定したものです。

内閣総理大臣は最高指揮官ですから、国防軍を動かす最終的な決定権は、防衛大臣ではなく、内閣総理大臣にあります。また、法律に特別の規定がない場合には、閣議にかけないで国防軍を指揮することができます。

（3）衆議院の解散の決定権

第五四条1項で、「衆議院の解散は、内閣総理大臣が決定する」と規定しました。かつて、解散を決定する閣議において閣僚が反対した場合に、その閣僚を罷免《ひめん》するという事例があったので、解散の決定は、閣議にかけず、内閣総理大臣が単独で決定できるようにしたものです。

なお、この規定で「七条解散、すなわち内閣不信任案の可決によらない解散について明示すべきだ」という意見もありますが、それは憲法慣例に委ねるべきだと考えます。

Q35 「日本国憲法改正草案」で内閣総理大臣の職務の臨時代行の規定を置いたのは、なぜですか?

内閣総理大臣は、内閣の最高責任者として重大な権限を有しますが、その権限をさらに強化しています。

そのような内閣総理大臣に不慮の事態が生じた場合に、「内閣総理大臣が欠けたとき」に該当するか否かを誰が判断して、内閣総辞職を決定するための閣議を誰が主宰するのか、ということが、現行憲法では規定が設けられていません。

しかし、それでは危機管理上も問題があるのではないか、指定を受けた国務大臣が内閣総理大臣の職務を臨時代行する根拠は、やはり憲法上規定すべきではないか、との観点から、「日本国憲法改正草案」の第七〇条2項では、「内閣総理大臣が欠けたとき、その他これに準ずる場合として法律で定めるときは、内閣総理大臣があらかじめ指定した国務大臣が、臨時に、その職務を行う」と規定しました。

「内閣総理大臣が欠けたとき」とは、典型的には内閣総理大臣が死亡した場合、あるいは国会議員の資格を失ったときなどを言います。

「その他これに準ずる場合として法律で定めるとき」とは、具体的には、意識不明になったときや事故などに遭遇し生存が不明になったときなど、現職に復帰することがあり得るが、総理としての職務を一時的に全《まっと》うできないような場合を想定しています。

信頼ある司法を目指して

Q36 裁判所と司法権に関して、どのような規定を置いたのですか？

（最高裁判所裁判官の国民審査について）

現行憲法第七九条2項から4項までに、最高裁判所裁判官の国民審査に関する規定が置かれています。しかし、現在まで国民審査によって罷免《ひめん》された裁判官は一人もいないなど、その制度が形骸化しているという批判がありました。

そこで、「日本国憲法改正草案」では、国民審査の方法は憲法では定めず、法律で定めることとしました（第七九条2項）。

国民審査を国民に分かりやすいものにするのは簡単ではありませんが、このように規定することで、立法上工夫《くふう》の余地が出てくると考えます。

（裁判官の報酬の減額について）

現行憲法第七九条6項では、裁判官の報酬は在任中、減額できないこととされています。しかし、最近のようにデフレ状態が続いて公務員の給与の引き下げを行う場合に解釈上困難が生じていますし、また、懲戒処分を受けた場合であっても報酬が減額できないという問題があります。

こうしたことから、「日本国憲法改正草案」では、第七九条5項の後段に「この報酬は、在任中、分限又は懲戒による場合及び一般の公務員の例による場合を除き、減額できない」と規定し、解決を図りました。

財政条項の論点

Q37 財政に関して、どのような規定を置いたのですか？

（財政健全主義の規定）

第八三条に新しく２項を加えて、「財政の健全性は、法律の定めるところにより、確保されなければならない」とし、財政の健全性を初めて憲法上の価値として規定しました。具体的な健全性の基準は、自民党がかつて提出した「財政健全化責任法案」のような法律で規定することになります。

（複数年度予算）

第八六条４項で、複数年度にわたる予算について、「毎会計年度の予算は、法律の定めるところにより、国会の議決を経て、翌年度以降の年度においても支出することができる」と、明確な規定を新設しました。

これは、現行制度でも認めている繰越明許費や継続費などを憲法上認めるとともに、いわゆる複数年度予算についても、法律の定めるところにより実施可能とするものです。

Q38 私学助成に関わる規定（第八九条）を変えたのは、なぜですか？

現行憲法第八九条では、「公の支配」に属しない教育事業への助成金は禁止されています。ただし、解釈上、私立学校においても、その設立や教育内容について、国や地方自治体の一定の関与を受けていることから、「公の支配」に属しており、私学助成は違憲ではないと考えられています。

しかし、私立学校の建学の精神に照らして考えると、「公の支配」に属するというのは、適切な表現ではありません。そこで、憲法の条文を改め、「公の支配に属しない」の文言を、国等の「監督が及ばない」としました。

なお、党内の議論では、さらに「教育に対する公金支出の制限の規定は、教育の重要性を考えると、おかしいのではないか」という意見がありました。しかし、朝鮮学校で反日的な教育が行われている現状やこれまでの判例の積み重ねもあり、基本的には現行規定を残すここととしました。

Q39 決算の承認と、予算案への反映について規定を置いたのは、なぜですか？

現行憲法では、決算は「国会に提出しなければならない」と定めるのみで、国会が決算をどう扱うかについて規定はありません。現在、決算は国会への単なる「報告」案件に過ぎず、各院は独立、別個に決算を審議し、議決することとなっています。

しかし、それでは、国会は、政府が行った支出に対して十分なチェック機能を果たすことができません。そこで、「日本国憲法改正草案」では、決算を国会の承認を要するものに改めることとしました（第九〇条1項）。

参議院側から「決算を通常の議案と同様とした場合、まず衆議院に提出され、その承認を受けてから参議院に送付されることになる。衆議院で不承認となれば、送付すらされない。それでは『決算の参議院』の役割が果たせない」との意見があります。そこで、決算報告は、両議院に同時に提出することとしました。

加えて、決算について国会が承認することとする以上、その効果を持たせる必要がありますので、内閣は、「検査報告の内容を予算案に反映させ、国会に対し、その結果について報告しなければならない」と規定しました（第九〇条3項）。これにより、会計検査院の検査の実効性が飛躍的に高まることになります。

地域こそが人間社会の原点

Q40 地方自治については、どのような規定を置いたのですか？

（第九二条　地方自治の本旨）

第九二条において、地方自治の本旨に関する規定を新設しました。従来「地方自治の本旨」という文言が無定義で用いられていたため、この条文において明確化を図りました。

また、自治の精神をより明確化するため、これまで「地方公共団体」とされてきたものを、一般に用いられている「地方自治体」という用語に改めました。

（第九三条　地方自治体の種類、国及び地方自治体の協力等）

第九三条は、地方自治体の種類、国及び地方自治体の協力等についての規定です。1項で「地方自治体は、基礎地方自治体及びこれを包括する広域地方自治体とすることを基本とし、その種類は、法律で定める」と規定し、現行憲法で言及されていなかった地方自治体の種類や、地方自治が二層制を採ることについて言及しました。

「基本と」するとは、基礎地方自治体及び広域地方自治体以外にも、地方自治体には、一部事務組合、広域連合、財産区などがあることから、そのように規定したものです。

3項では、東日本大震災の教訓に基づき、「国及び地方自治体は、法律の定める役割分担を踏まえ、協力しなければならない。地方自治体は、相互に協力しなければならない」と規定し、国と地方自治体間、地方自治体同士の協力について定めました。

（第九四条　地方自治体の議会及び公務員の直接選挙）

第九四条は、地方自治体の議会及び公務員の直接選挙に関する規定です。「地方自治体の住民であって日本国籍を有する者が直接選挙する」と規定し、外国人に地方選挙権を認めないことを明確にしました。

（第九五条　地方自治体の権能）

第九五条は、地方自治体の権能に関する規定です。地方自治体の条例が「法律の範囲内で」制定できることについては、変更しませんでした。

条例の「上書き権」のようなことも議論されていますが、こうしたことは個別の法律で規定することが可能であり、国の法律が地方の条例に優先するという基本は、変えられないと考えています。

(第九六条　地方自治体の財政及び国の財政措置)

第九六条に地方自治体の財政に関する規定を新設しました。地方自治が自主的財源に基づいて運営されることなどを規定しました。

(第九七条　地方自治特別法)

第九七条の地方自治特別法の規定は、特定の地方自治体に対してのみ適用される法律については、当該地方自治体の住民の投票に付して同意を得なければ制定できないことを定めたものです。

現行第九五条を引き継いだ規定ですが、現行の規定では適用要件が不明確であるため明確化を図っています。

Q41 道州制について、どう考えているのですか？

道州制については、「日本国憲法改正草案」には直接盛り込みませんでした。

しかしながら、道州はこの草案の広域地方自治体に当たり、この草案のままでも、憲法改正によらず、立法措置で、道州制の導入は可能であると考えています。

Q42 外国人の地方参政権について、どう考えているのですか？

「日本国憲法改正草案」では、第九四条（地方自治体の議会及び公務員の直接選挙）2項で「地方自治体の長、議会の議員及び法律の定めるその他の公務員は、当該地方自治体の住民であって日本国籍を有する者が直接選挙する」と規定し、「日本国籍を有する者」という文言を挿入することによって、外国人に地方選挙権を認めないことを明確にしました。

地方自治は、我が国の統治機構の不可欠の要素を成し、その在り方が国民生活に大きな影響を及ぼす可能性があることを踏まえると、国政と同様に地方政治の方向性も主権者である国民が決めるべきであります。

なお、外国人も税金を払っていることを理由に地方参政権を与えるべきとの意見もありますが、税金はあくまでも様々な行政サービスの財源を賄《まかな》うためのもので、何らかの権利を得るための対価として支払うものではなく、直接的な理由にはなりません。

Q43 地方財政について、どのような規定を置いたのですか？

第九六条に地方自治体の財政に関する規定を新設しています。

その1項は、地方自治は自主的財源に基づいて運営されることを基本とする旨を明確に宣言したものです。なお、「地方交付税は、1項の自主的財源に当たるのか」という点については、地方交付税も同項の自主的財源に当たるものと考えています。

2項は、国による地方財政の保障義務を定める趣旨の規定です。地方自治体において、1項の自主的な財源だけでは住民に対する十分なサービスの提供ができない場合には、国は必要な財政上の措置を講じなければならないことを定めました。

3項で、地方自治について、財政の健全性が確保されなければならないことを規定しました。国の財政健全性の確保に関する規定を準用する形をとっています。

緊急事態への対応は

Q44 緊急事態に関する規定を置いたのは、なぜですか？

八章の次に二条から成る新たな章を設け、「緊急事態」について規定しました。具体的には、有事や大規模災害などが発生したときに、緊急事態の宣言を行い、内閣総理大臣等に一時的に緊急事態に対処するための権限を付与することができることなどを規定しました。

国民の生命、身体、財産の保護は、平常時のみならず、緊急時においても国家の最も重要な役割です。

「日本国憲法改正草案」では、東日本大震災における政府の対応の反省も踏まえて、緊急事態に対処するための仕組みを、憲法上明確に規定しました。

このような規定は、外国の憲法でも、ほとんどの国で盛り込まれているところです。

Q45 緊急事態の宣言に関する制度の概要について、説明してください。

緊急事態の宣言に関する制度として、草案では、第九八条で緊急事態の宣言の根拠規定や手続きを定め、第九九条でその効果を定めています。

（緊急事態宣言の要件とその基本的性質）

まず、第九八条1項で、内閣総理大臣は、外部からの武力攻撃、内乱等の社会秩序の混乱、大規模な自然災害等が発生したときは、閣議にかけて、緊急事態の宣言を発することができることとしました。

ここに掲げられている事態は例示であり、どのような事態が生じたときにどのような要件で緊急事態の宣言を発することができるかは、具体的には法律で規定されます。

緊急事態の宣言の基本的性質として、重要なのは、宣言を発したら内閣総理大臣が何でもできるようになるわけではなく、その効果は次の第九九条に規定されていることに限られるということです。

よく「戒厳令ではないか」などと言う人がいますが、決してそのようなことではありません。第九九条に規定している効果を持たせたいときに、緊急事態の宣言を行うのです。

（緊急事態の宣言の手続き）

緊急事態の宣言の手続きについて、最も議論されるべきは、「宣言を発するのに閣議にかける暇はないのではないか」という点。しかし、内閣総理大臣の専権とするにはあまりに強大な権限であること、また、次の第九九条に規定されている宣言の効果は一分一秒を争うほどの緊急性を要するものではないことから、閣議にかけることとしました。

たとえば「我が国に対してミサイルが発射されたときに、それを迎撃するのに、閣議決定をしていては、間に合わないではないか」などと質問されますが、そうしたことは第九条の二などの別の法制で考えるべきことであり、緊急事態の宣言とは、直接関係はありません。

2項で、国会による民主的統制の確保の観点から、緊急事態の宣言には、事前または事後に国会の承認が必要であることを規定しました。当然、事前の承認が原則ですが、緊急事態に鑑み、事後になることもあり得ると考えられます。

3項で、緊急事態の宣言の終了について、規定しました。この規定は、当初の案では、憲法に規定せずに法律事項とする考えでしたが、「宣言は内閣総理大臣に対して強大な権限を与えるものであることから、授権（権限を与えること）の期間をきちんと憲法上規定すべきだ」という意見があり、その期間を一〇〇日とする規定を設けた次第です。その他、国会が宣言を解除すべきと議決したときにも、宣言は解除されるものと規定しました。

4項で、緊急事態の宣言の承認の議決及びその継続の承認の議決については、衆議院の議決が優越することを規定しました。宣言の解除の議決については、衆議院の優越はありません。また、参議院の議決期間は、緊急性に鑑み、五日以内としました。

（緊急事態の宣言の効果）

第九九条1項で、緊急事態の宣言が発せられたときは、内閣は緊急政令を制定し、内閣総理大臣は緊急の財政支出を行い、地方自治体の長に対して指示できることを規定しました。ただし、その具体的内容は法律で規定することになっており、内閣総理大臣が何でもできるようになるわけではありません。

緊急政令は、現行法にも、災害対策基本法と国民保護法（「武力攻撃事態等における国民の保護のための措置に関する法律」をいう。以下同じ）に例があります。したがって、必ずしも憲法上の根拠が必要ではありませんが、根拠があることが望ましいと考えた次第です。

緊急の財政支出の具体的内容は、法律で規定されます。予備費があれば、まず予備費で対応するのが原則です。

地方自治体の長に対する指示は、もともと法律の規定を整備すれば憲法上の根拠がなくても可能です。草案の規定は、憲法上の根拠があることが望ましいと考えて、念のために置いた規定です。したがって、この規定を置いたからといって、緊急事態以外では地方自治体の長に対して指示できないというわけではありません。

第九九条2項で、1項の緊急政令の制定と緊急の財政支出について、事後に国会の承認を得ることが必要であることを規定しました。なお、緊急政令は、承認が得られなければ直ちに廃止しなければなりませんが、緊急の財政支出は、承認が得られなくてもすでに支出が行われた部分の効果に影響を与えるものではないと考えます。

ほかに、緊急事態の宣言の効果として、国民保護のための国等の指示に従う義務（第九九条3項）、衆議院の解散の制限や国会議員の任期及び選挙期日の特例（第九九条4項）を定めています。

Q46 国等の指示に対する国民の遵守《じゅんしゅ》義務（第九九条3項）を定めたのは、なぜですか？　基本的人権が制限されることもあるのですか？

第九九条3項で、緊急事態の宣言が発せられた場合には、国民は、国や地方自治体等が発する国民を保護するための指示に従わなければならないことを規定しました。現行の国民保護法において、こうした憲法上の根拠がないために、国民への要請はすべて協力を求めるという形でしか規定できなかったことを踏まえ、法律の定める場合には、国民に対して指示できることとするとともに、それに対する国民の遵守義務を定めたものです。

「国民の生命、身体及び財産を守るために行われる措置《そち》」という部分は、「国民への指示は何のために行われるのか明記すべきだ」という意見があり、それを受けて規定したものです。

後段の基本的人権の尊重規定は、武力攻撃事態対処法の基本理念の規定（同法第三条4項後段）をそのまま援用したものです。「緊急事態の特殊性を考えれば、この規定は不要ではないか」「せめて『最大限』の文言は削除してはどうか」などの意見もありましたが、緊急事態においても基本的人権を最大限尊重することは当然のことであるので、原案のとおりとしました。

逆に「緊急事態であっても、基本的人権は制限すべきではない」との意見もありますが、国民の生命、身体及び財産という大きな人権を守るために、必要な範囲でより小さな人権がやむなく制限されることもあり得るものと考えます。

Q 47　衆議院解散の制限や国会議員の任期の特例の規定（第九九条4項）を置いたのは、なぜですか？　また、すでに衆議院が解散されている場合に緊急事態の宣言が出されたときは、どう対応するのですか？

第九九条4項で、緊急事態の宣言が発せられた場合は、衆議院は解散されず、国会議員の任期の特例や選挙期日の特例を定め得ることを規定しました。

東日本大震災の後、被災地の地方議員の任期や統一地方選の選挙期日を、法律で特例を設けて延長したのですが、国会議員の任期や選挙期日は憲法に直接規定されているので、法律でその例外を規定することはできません。そこで、緊急事態の宣言の効果として、国会議員の任期や選挙期日の特例を法律で定め得ることにするとともに、衆議院はその間解散されないこととしました。

「衆議院が解散されている場合に緊急事態が生じたときは、前議員の身分を回復させるべきではないか」という意見もありましたが、衆議院議員は一度解散されればその身分を失うのであり、憲法上参議院の緊急集会も認められているので、その意見は採用しませんでした。

それに対し、「いつ総選挙ができるか分からないではないか」という意見もありましたが、緊急事態下でも総選挙の施行が必要であれば、通常の方法ではできなくとも、期間を短縮するなど何らかの方法で実施することになるものと考えています。

なお、参議院議員の通常選挙は、任期満了前に行われるのが原則であり、参議院議員が大量に欠員になることは通常ありません。

もう「不磨の大典」ではない

Q48 憲法改正の発議要件を緩和したのは、なぜですか？

第一〇〇条1項で、衆参両院における憲法改正の提案要件を総議員の「三分の二以上」から「過半数」に緩和しました。

現行憲法は、両院で総議員の三分の二以上の賛成を得て国民に提案され、国民投票で過半数の賛成を得てはじめて憲法改正が実現することとなっており、世界的に見ても、改正しにくい憲法となっています。

憲法改正は、国民投票に付して主権者である国民の意思を直接問うわけですから、国民に提案される前の国会での手続きをあまり厳格にするのは、国民が憲法について意思を表明する機会が狭められることになり、かえって主権者である国民の意思を反映しないことになってしまうと考えました。

なお、「過半数では通常の法律案の議決と同じであり、それでは、時の政権に都合の良い憲法改正案が国民に提案されることになって、かえって憲法が不安定になるのではないか。そう考えると、国会の提案要件を両議院の五分の三以上としてはどうか」という意見もあります。

しかし、三分の二と五分の三ではあまり差はなく、法令上議決要件を五分の三とする前例もないことから、多数の意見を採用して過半数とした次第です。

Q49 国民の憲法尊重義務を規定したのは、なぜですか？

憲法の制定権者たる国民も憲法を尊重すべきことは当然であることから、第一〇二条1項を新設し、「全て国民は、この憲法を尊重しなければならない」と規定しました。

これについては、「国民は、『遵守義務』でいいのではないか」という意見もありましたが、憲法も法であり、遵守するのはあまりに当然のことであって、憲法に規定を置く以上、一歩進めて憲法尊重義務を規定したものです。なお、その内容は、「憲法の規定に敬意を払い、その実現に努力する」といったことです。

この規定は、あくまで訓示規定であり、具体的な効果があるわけではありません。

なお、公務員に関しては、同条2項で憲法擁護義務を定め、国民の憲法尊重義務とは区別しています。つまり、公務員の場合は、国民としての憲法尊重義務に加えて、憲法擁護義務、すなわち、「憲法の規定が守られない事態に対して、積極的に対抗する義務」も求めています。

Q50 憲法改正について、今後、どのような論議が予想されますか？ また、「日本国憲法改正草案」は、どのような形で国会に提出することを考えているのですか？

主権回復後、六〇年以上が経ってしまいました。もっと早く、憲法改正に着手すべきでしたが、冷戦の間は、憲法改正を口にすることもできませんでした。

その後、議論は比較的自由になりましたが、憲法改正の発議要件が両院の総議員の三分の二以上の賛成であることから、本格的な議論は進みませんでした。何と言っても、憲法改正のための手続法の制定が遅れていたのです。

憲法改正のための手続法として「日本国憲法の改正手続に関する法律」（以下「憲法改正国民投票法」という）がようやく制定され、二〇一〇年五月に施行されました。憲法改正原案については、提出者のほか、衆議院では一〇〇人以上、参議院では五〇人以上の賛成者で、発議が可能となりました。

つまり、形式的には憲法改正が可能となったのです――。

しかし、憲法改正国民投票法では、次の三つの宿題を課されました。
①選挙権年齢等を一八歳に引き下げること
②公務員の政治的行為に係る制限の緩和について検討すること
③国民投票を他の国政課題へも拡大すること
これらのテーマについては連立のパートナーである公明党と協議、続いて他の野党との話し合いを進めることになるでしょう。

ようやく二〇一一年一〇月、衆参両院で憲法審査会が始動し、憲法についての議論が始まりました。そこで、憲法改正に対する基本的な考え方を改めて示すため、「日本国憲法改正草案」が取りまとめられました。

「日本国憲法改正草案」は、いずれ憲法改正原案として国会に提出することになると考えています。

しかし、憲法改正の発議要件が両院の総議員の三分の二以上であれば、自民党の案のまま憲法改正が発議できるとは、とても考えられません。まず、各党間でおおむねの了解を得られる事項について、部分的に憲法改正を行うことになるものと考えます。

その筆頭案件が、まさに憲法改正の発議要件である両院の総議員の三分の二以上の賛成の規定を過半数に緩和することですが、それをするにも、先に両院の総議員の三分の二以上の賛成が必要であり、簡単ではありません。

いずれにしても、憲法改正は国民の意思でできるということを早く国民に実感してもらうことが必要です。与野党の協力の下、憲法改正の一致点を見いだす努力をすることが重要です。

なお、実際に国会に憲法改正原案を提出する際には、シングルイシュー（一つのテーマごとに国会に憲法改正原案を提出）になると考えられます。

あとがき――憲法改正はいつ実現するのか

二〇一二年末の総選挙で自民党は三年四ヵ月ぶりに政権奪還を果たし、第二次安倍政権が誕生して、続く参議院選挙でも勝利することができた。いよいよ自民党の悲願である憲法改正が現実味を帯びてきたと言える。

二〇一三年一〇月一六日、首相官邸で行われた「安全保障の法的基盤の再構築に関する懇談会（第三回会合）」の挨拶《あいさつ》で安倍首相は、次のように述べた。

「我が国がとるべき具体的行動の事例について議論を深めていただくとともに、あり得べき憲法解釈の在り方について、忌憚《きたん》のない議論をいただきたいと思います。私からは総理の職務としての観点から一般論として何点か申し上げます。

第一に、政府は、日本国民の生存と日本国の存立を守る責任を有しているということです。

第二に、日本の安全保障の問題は広く二〇世紀全体の国際法の流れの中で、特に不戦条約以来、国際連合の集団安全保障体制へと続く戦争放棄の思潮の中で捉える必要があるということです。すなわち、憲法前文にあるとおり、日本は一国平和主義ではなく、この体制の下で自国及び国際の平和と安全を維持することを安全保障の課題としてきたということです。

第三に、我が国を取り巻く厳しい国際環境を鑑《かんが》みれば、日本独《ひと》りの力では、日本の安全を全《まっと》うし得ません。それゆえに私たちは、国際協調主義を掲げると共に、日米同盟を選択しました。

第四に、同盟は互いに磨き続ける努力をしなければ、その活力を維持し得ないということです。私たちは、国際協調主義に基づく積極的平和主義の立場から、共に日本の安全とアジア太平洋地域をはじめ国際社会の平和と安全を支える覚悟が必要です。

第五に、安全保障の法的基盤の再構築に関する検討は、究極的には国民の生存と国家の存立を守り、その基盤となる国際社会の平和と安定を実現するためのものであるということです。自国のことのみを考えた安全保障政策ではむしろ尊敬を失い、友人を失います。独りでは自国の安全を全うすることはできません。必要があるときには共に守り合い、共に正義を支え合い、共に秩序を守り合うことによって、より確実に国民の生存と国家の存立を守り、国益を守ることができます」

極めて重要な指摘である。国のリーダーの第一義的使命は国民の生命と財産を守ることである。安倍首相は、そのことを常に意識していることが、発言から読み取れる。

国家安全保障会議（日本版ＮＳＣ）の設置や集団的自衛権の行使容認といった安倍政権の安全保障政策が具現化し、一段落すれば、今度は必ず憲法改正がクローズアップされる。

安倍首相は、二〇一三年秋の臨時国会における所信表明演説で、こう主張している。

「憲法改正について、国民投票の手続を整え、国民的な議論をさらに深めながら、前に進んで行こうではありませんか」

自民党では憲法改正推進本部が本格的に動き出している。

最優先すべき課題は、二〇〇七年五月に国民投票法が成立した際、附則に記された「検討課題」、いわゆる「三つの宿題」への対応である。これは①選挙権年齢等への引き下げ（附則三条）国民投票の投票年齢は一八歳、②公務員の政治的行為に係る法整備（附則一一条）、③国民投票の対象拡大についての検討（附則一二条）を指す。

これらのテーマについて連立政権のパートナーである公明党と協議を行い、続いて日本維新の会が掲げる案との整合性を図り、そのうえで、他の野党との話し合いを開始することにしている。

さらに自民党では、「憲法改正に向けて、国民に対して『日本国憲法改正草案』の説明を行い、憲法改正の機運を高め、もって国民運動としての憲法改正の流れを形成する」ことを目的に、各都道府県で「憲法改正タウンミーティング」を開催することを決めた。

「憲法改正待ったなし」の状況である。

こうした流れに対し、憲法改正に反対する勢力は、自民党の「日本国憲法改正草案」をターゲットに反発を強めている。だが、それらの多くは荒唐無稽《こうとうむけい》の主張ばかりで、聞くに堪《た》えない。「国防軍を創設すれば、今度は徴兵制が敷かれる」「立憲主義が破壊される」といった類《たぐい》のものである。

言うまでもなく、憲法改正を行うには国民投票を経なければならない。反対派は、あえて国民投票のないアメリカやドイツといった連邦国家を例に出して、憲法改正への発議要件である総議員の三分の二以上の賛成を緩和することに批判を繰り返す。

日本と同じように国民投票を憲法改正の条件にしているのは、スイス、フランス、オーストラリア、イタリア、アイルランド、デンマークなどが挙げられるが、いずれも国会の発議要件は過半数である。三分の二以上としているのは韓国やスペイン（重要事項のみ）で、このうち韓国は日本のような二院制ではなく一院制である。
こうした事実を踏まえれば、過半数を主張する自民党の提案は妥当であることが分かる。憲法改正に反対する学者や文化人が書いた本からは、こうした真実を学ぶことはできない。

近頃、私のところには、憲法改正や安全保障に関するインタビューやレクチャーの依頼が増え始めた。「月刊WiLL」（ワック）や「撃論ムックシリーズ」（オークラ出版）といった雑誌からの取材が続き、全国各地の地方議会、国会議員の研修会や勉強会に講演のため出かけることも多くなった。
自民党本部でも、石破茂《いしばしげる》幹事長と高市早苗《たかいちさなえ》政調会長の肝煎《きもい》りによる国会議員対象の政策研修会において、「憲法・自衛隊に関する一般常識」「集団的自衛権と集団安全保障など」について二回ほど話す機会があり、マスコミでも大きく報じられた。

二〇一三年、私は六〇歳の還暦を迎えた。自民党本部に奉職して以来、一貫して憲法改正、安全保障に取り組んできた私としては、「安倍政権を支えることが、最後のご奉公だ」との思いでいる。自らの永田町人生の締《し》め括《くく》りとして、気概を持って憲法改正に挺身することを、ここに誓いたい。

今回、講談社のヒットメーカーとして著名な間渕隆担当部長からお声がかかり、本書を出版することができたのは「天命」である。本書が日本の将来を真剣に考える多くの読者の目に触れ、そして、今後の憲法改正論議に一石を投ずることができれば幸いである。

二〇一三年一一月

田村重信《たむらしげのぶ》

日本国憲法改正草案（現行憲法対照）

自由民主党（二〇一二年四月二七日）

（注）現行憲法から修正する箇所を傍線で示し、主要な修正事項については、ゴシックで表記しました。

日本国憲法改正草案

目次

現行憲法

第十一章　最高法規（第百一条・第百二条）

（前文）

日本国は、長い歴史と固有の文化を持ち、国民統合の象徴である天皇を戴く国家であって、国民主権の下、立法、行政及び司法の三権分立に基づいて統治される。

我が国は、先の大戦による荒廃や幾多の大災害を乗り越えて発展し、今や国際社会において重要な地位を占めており、平和主義の下、諸外国との友好関係を増進し、世界の平和と繁栄に貢献する。

日本国民は、国と郷土を誇りと気概を持って自ら守り、基本的人権を尊重するとともに、和を尊び、家族や社会全体が互いに助け合って国家を形成する。

我々は、自由と規律を重んじ、美しい国土と自然環境を守りつつ、教育や科学技術を振興し、活力ある経済活動を通じて国を成長させる。

日本国民は、良き伝統と我々の国家を末永く子孫に継承するため、ここに、この憲法を制定する。

（前文）

日本国民は、正当に選挙された国会における代表者を通じて行動し、われらとわれらの子孫のために、諸国民との協和による成果と、わが国全土にわたつて自由のもたらす恵沢を確保し、政府の行為によつて再び戦争の惨禍が起ることのないやうにすることを決意し、ここに主権が国民に存することを宣言し、この憲法を確定する。そもそも国政は、国民の厳粛な信託によるものであつて、その権威は国民に由来し、その権力は国民の代表者がこれを行使し、その福利は国民がこれを享受する。これは人類普遍の原理であり、この憲法は、かかる原理に基くものである。われらは、これに反する一切の憲法、法令及び詔勅を排除する。

日本国民は、恒久の平和を念願し、人間相互の関係を支配する崇高な理想を深く自覚するのであつて、平和を愛する諸国民の公正と信義に信頼して、われらの安全と生存を保持しようと決意した。われらは、平和を維持し、専制と隷従、圧迫と偏狭を地上から永遠に除去しようと努めてゐる国際社会において、名誉ある地位を占めたいと思ふ。われらは、全世界の国民が、ひとしく恐怖と欠乏から免かれ、平和のうちに生存する権利を有することを確認する。

われらは、いづれの国家も、自国のことのみに専念して他

第一章　天皇

（天皇）

第一条　天皇は、日本国の**元首であり**、日本国及び日本国民統合の象徴であって、その地位は、主権の存する日本国民の総意に基づく。

（皇位の継承）

第二条　皇位は、世襲のものであって、国会の議決した皇室典範の定めるところにより、これを継承する。

（国旗及び国歌）

第三条　国旗は日章旗とし、国歌は君が代とする。

2　日本国民は、国旗及び国歌を尊重しなければならない。

国を無視してはならないのであつて、政治道徳の法則は、普遍的なものであり、この法則に従ふことは、自国の主権を維持し、他国と対等関係に立たうとする各国の責務であると信ずる。

日本国民は、国家の名誉にかけ、全力をあげてこの崇高な理想と目的を達成することを誓ふ。

第一章　天皇

第一条　天皇は、日本国の象徴であり日本国民統合の象徴であつて、この地位は、主権の存する日本国民の総意に基く。

第二条　皇位は、世襲のものであつて、国会の議決した皇室典範の定めるところにより、これを継承する。

第三条　天皇の国事に関するすべての行為には、内閣の助言と承認を必要とし、内閣が、その責任を負ふ。

〔新設〕

（元号）

第四条　元号は、法律の定めるところにより、皇位の継承があったときに制定する。

（天皇の権能）

第五条　天皇は、この憲法に定める国事に関する行為を行い、国政に関する権能を有しない。

〔削除〕

〔削除〕

（天皇の国事行為等）

第六条　天皇は、国民のために、国会の指名に基づいて内閣総理大臣を任命し、内閣の指名に基づいて最高裁判所の長である裁判官を任命する。

2　天皇は、国民のために、次に掲げる国事に関する行為を

〔新設〕

第四条　天皇は、この憲法の定める国事に関する行為のみを行ひ、国政に関する権能を有しない。

②　天皇は、法律の定めるところにより、その国事に関する行為を委任することができる。

第五条　皇室典範の定めるところにより摂政を置くときは、摂政は、天皇の名でその国事に関する行為を行ふ。この場合には、前条第一項の規定を準用する。

第六条　天皇は、国会の指名に基いて、内閣総理大臣を任命する。

②　天皇は、内閣の指名に基いて、最高裁判所の長たる裁判官を任命する。

第七条　天皇は、内閣の助言と承認により、国民のために、

行う。
一　憲法改正、法律、政令及び条約を公布すること。
二　国会を召集すること。
三　衆議院を解散すること。
四　衆議院議員の総選挙及び参議院議員の通常選挙の施行を公示すること。
五　国務大臣及び法律の定めるその他の国の公務員の任免を認証すること。
六　大赦、特赦、減刑、刑の執行の免除及び復権を認証すること。
七　栄典を授与すること。
八　全権委任状並びに大使及び公使の信任状並びに批准書及び法律の定めるその他の外交文書を認証すること。
九　外国の大使及び公使を接受すること。
十　儀式を行うこと。
3　天皇は、法律の定めるところにより、前二項の行為を委任することができる。
4　天皇の国事に関する全ての行為には、内閣の**進言**を必要とし、内閣がその責任を負う。ただし、衆議院の解散については、内閣総理大臣の進言による。
5　第一項及び第二項に掲げるもののほか、天皇は、国又は

左の国事に関する行為を行ふ。
一　憲法改正、法律、政令及び条約を公布すること。
二　国会を召集すること。
三　衆議院を解散すること。
四　国会議員の総選挙の施行を公示すること。
五　国務大臣及び法律の定めるその他の官吏の任免並びに全権委任状及び大使及び公使の信任状を認証すること。
六　大赦、特赦、減刑、刑の執行の免除及び復権を認証すること。
七　栄典を授与すること。
八　批准書及び法律の定めるその他の外交文書を認証すること。
九　外国の大使及び公使を接受すること。
十　儀式を行ふこと。
第四条　（略）
②　天皇は、法律の定めるところにより、その国事に関する行為を委任することができる。
第三条　天皇の国事に関するすべての行為には、内閣の助言と承認を必要とし、内閣が、その責任を負ふ。
〔新設〕

地方自治体その他の公共団体が主催する式典への出席その他の公的な行為を行う。

（摂政）

第七条　皇室典範の定めるところにより摂政を置くときは、摂政は、天皇の名で、その国事に関する行為を行う。

2　第五条及び前条第四項の規定は、摂政について準用する。

（皇室への財産の譲渡等の制限）

第八条　皇室に財産を譲り渡し、又は皇室が財産を譲り受け、若しくは賜与するには、法律で定める場合を除き、国会の承認を経なければならない。

第二章　安全保障

（平和主義）

第九条　日本国民は、正義と秩序を基調とする国際平和を誠実に希求し、国権の発動としての戦争を**放棄し**、武力による威嚇及び武力の行使は、国際紛争を解決する手段**としては用いない**。

第五条　皇室典範の定めるところにより摂政を置くときは、摂政は、天皇の名でその国事に関する行為を行ふ。この場合には、前条第一項の規定を準用する。

第八条　皇室に財産を譲り渡し、又は皇室が、財産を譲り受け、若しくは賜与することは、国会の議決に基かなければならない。

第二章　戦争の放棄

第九条　日本国民は、正義と秩序を基調とする国際平和を誠実に希求し、国権の発動たる戦争と、武力による威嚇又は武力の行使は、国際紛争を解決する手段としては、永久にこれを放棄する。

2 前項の規定は、自衛権の発動を妨げるものではない。

（国防軍）

第九条の二 我が国の平和と独立並びに国及び国民の安全を確保するため、内閣総理大臣を最高指揮官とする国防軍を保持する。

2 国防軍は、前項の規定による任務を遂行する際は、法律の定めるところにより、国会の承認その他の統制に服する。

3 国防軍は、第一項に規定する任務を遂行するための活動のほか、法律の定めるところにより、国際社会の平和と安全を確保するために国際的に協調して行われる活動及び公の秩序を維持し、又は国民の生命若しくは自由を守るための活動を行うことができる。

4 前二項に定めるもののほか、国防軍の組織、統制及び機密の保持に関する事項は、法律で定める。

5 国防軍に属する軍人その他の公務員がその職務の実施に伴う罪又は国防軍の機密に関する罪を犯した場合の裁判を行うため、法律の定めるところにより、国防軍に審判所を置く。この場合においては、被告人が裁判所へ上訴する権利は、保障されなければならない。

---

② 前項の目的を達するため、陸海空軍その他の戦力は、これを保持しない。国の交戦権は、これを認めない。

〔新設〕

（領土等の保全等）
第九条の三　国は、主権と独立を守るため、国民と協力して、領土、領海及び領空を保全し、その資源を確保しなければならない。

第三章　国民の権利及び義務

（日本国民）
第十条　日本国民の要件は、法律で定める。

（基本的人権の享有）
第十一条　国民は、全ての基本的人権を享有する。この憲法が国民に保障する基本的人権は、侵すことのできない永久の権利である。

（国民の責務）
第十二条　この憲法が国民に保障する自由及び権利は、国民の不断の努力により、保持されなければならない。国民は、これを濫用してはならず、自由及び権利には責任及び義務が伴うことを自覚し、常に公益及び公の秩序に反してはならない。

〔新設〕

第三章　国民の権利及び義務

第十条　日本国民たる要件は、法律でこれを定める。

第十一条　国民は、すべての基本的人権の享有を妨げられない。この憲法が国民に保障する基本的人権は、侵すことのできない永久の権利として、現在及び将来の国民に与へられる。

第十二条　この憲法が国民に保障する自由及び権利は、国民の不断の努力によつて、これを保持しなければならない。又、国民は、これを濫用してはならないのであつて、常に公共の福祉のためにこれを利用する責任を負ふ。

（**人として**の尊重等）

第十三条　全て国民は、**人**として尊重される。生命、自由及び幸福追求に対する国民の権利については、**公益及び公の秩序**に反しない限り、立法その他の国政の上で、最大限に尊重されなければならない。

（法の下の平等）

第十四条　全て国民は、法の下に平等であって、人種、信条、性別、**障害の有無**、社会的身分又は門地により、政治的、経済的又は社会的関係において、差別されない。

2　華族その他の貴族の制度は、認めない。

3　栄誉、勲章その他の栄典の授与は、現にこれを有し、又は将来これを受ける者の一代に限り、その効力を有する。

（公務員の選定及び罷免に関する権利等）

第十五条　公務員を選定し、及び罷免することは、主権の存する国民の権利である。

2　全て公務員は、全体の奉仕者であって、一部の奉仕者ではない。

3　公務員の選定を選挙により行う場合は、**日本国籍を有する**成年者による普通選挙の方法による。

4　選挙における投票の秘密は、侵されない。選挙人は、そ

第十三条　すべて国民は、個人として尊重される。生命、自由及び幸福追求に対する国民の権利については、公共の福祉に反しない限り、立法その他の国政の上で、最大の尊重を必要とする。

第十四条　すべて国民は、法の下に平等であつて、人種、信条、性別、社会的身分又は門地により、政治的、経済的又は社会的関係において、差別されない。

②　華族その他の貴族の制度は、これを認めない。

③　栄誉、勲章その他の栄典の授与は、いかなる特権も伴はない。栄典の授与は、現にこれを有し、又は将来これを受ける者の一代に限り、その効力を有する。

第十五条　公務員を選定し、及びこれを罷免することは、国民固有の権利である。

②　すべて公務員は、全体の奉仕者であつて、一部の奉仕者ではない。

③　公務員の選挙については、成年者による普通選挙を保障する。

④　すべて選挙における投票の秘密は、これを侵してはなら

の選択に関し、公的にも私的にも責任を問われない。

(請願をする権利)

第十六条　何人も、損害の救済、公務員の罷免、法律、命令又は規則の制定、廃止又は改正その他の事項に関し、平穏に請願をする権利を有する。

2　請願をした者は、そのためにいかなる差別待遇も受けない。

(国等に対する賠償請求権)

第十七条　何人も、公務員の不法行為により損害を受けたときは、法律の定めるところにより、国又は地方自治体その他の公共団体に、その賠償を求めることができる。

(身体の拘束及び苦役からの自由)

第十八条　何人も、**その意に反すると否とにかかわらず、社会的又は経済的関係において身体を拘束されない。**

2　何人も、犯罪による処罰の場合を除いては、その意に反する苦役に服させられない。

ない。選挙人は、その選択に関し公的にも私的にも責任を問はれない。

第十六条　何人も、損害の救済、公務員の罷免、法律、命令又は規則の制定、廃止又は改正その他の事項に関し、平穏に請願する権利を有し、何人も、かかる請願をしたためにいかなる差別待遇も受けない。

第十七条　何人も、公務員の不法行為により、損害を受けたときは、法律の定めるところにより、国又は公共団体に、その賠償を求めることができる。

第十八条　何人も、いかなる奴隷的拘束も受けない。又、犯罪に因る処罰の場合を除いては、その意に反する苦役に服させられない。

（思想及び良心の自由）
第十九条　思想及び良心の自由は、**保障する。**

（個人情報の不当取得の禁止等）
第十九条の二　何人も、個人に関する情報を不当に取得し、保有し、又は利用してはならない。

（信教の自由）
第二十条　信教の自由は、保障する。国は、いかなる宗教団体**に対しても、特権を与えてはならない。**
2　何人も、宗教上の行為、祝典、儀式又は行事に参加することを強制されない。
3　**国及び地方自治体その他の公共団体は、特定の宗教のための教育その他の宗教的活動をしてはならない。ただし、社会的儀礼又は習俗的行為の範囲を超えないものについては、この限りでない。**

（表現の自由）
第二十一条　集会、結社及び言論、出版その他一切の表現の自由は、保障する。
2　前項の規定にかかわらず、公益及び公の秩序を害するこ

第十九条　思想及び良心の自由は、これを侵してはならない。

〔新設〕

第二十条　信教の自由は、何人に対してもこれを保障する。いかなる宗教団体も、国から特権を受け、又は政治上の権力を行使してはならない。
②　何人も、宗教上の行為、祝典、儀式又は行事に参加することを強制されない。
③　国及びその機関は、宗教教育その他いかなる宗教的活動もしてはならない。

第二十一条　集会、結社及び言論、出版その他一切の表現の自由は、これを保障する。

〔新設〕

とを目的とした活動を行い、並びにそれを目的として結社をすることは、認められない。

3　検閲は、してはならない。通信の秘密は、侵してはならない。

（国政上の行為に関する説明の責務）

第二十一条の二　国は、国政上の行為につき国民に説明する責務を負う。

（居住、移転及び職業選択等の自由等）

第二十二条　何人も、居住、移転及び職業選択の自由を有する。

2　全て国民は、外国に移住し、又は国籍を離脱する自由を有する。

（学問の自由）

第二十三条　学問の自由は、保障する。

（家族、婚姻等に関する基本原則）

第二十四条　**家族は、社会の自然かつ基礎的な単位として、尊重される。家族は、互いに助け合わなければならない。**

2　婚姻は、両性の合意に基づいて成立し、夫婦が同等の権利を有することを基本として、相互の協力により、維持さ

---

②　検閲は、これをしてはならない。通信の秘密は、これを侵してはならない。

〔新設〕

第二十二条　何人も、公共の福祉に反しない限り、居住、移転及び職業選択の自由を有する。

②　何人も、外国に移住し、又は国籍を離脱する自由を侵されない。

第二十三条　学問の自由は、これを保障する。

〔新設〕

第二十四条　婚姻は、両性の合意のみに基いて成立し、夫婦が同等の権利を有することを基本として、相互の協力によ

れなければならない。

3　家族、扶養、後見、婚姻及び離婚、財産権、相続並びに親族に関するその他の事項に関しては、法律は、個人の尊厳と両性の本質的平等に立脚して、制定されなければならない。

（生存権等）

第二十五条　全て国民は、健康で文化的な最低限度の生活を営む権利を有する。

2　国は、国民生活のあらゆる側面において、社会福祉、社会保障及び公衆衛生の向上及び増進に努めなければならない。

（環境保全の責務）

第二十五条の二　国は、国民と協力して、国民が良好な環境を享受することができるようにその保全に努めなければならない。

（在外国民の保護）

第二十五条の三　国は、国外において緊急事態が生じたときは、在外国民の保護に努めなければならない。

（犯罪被害者等への配慮）

り、維持されなければならない。

②　配偶者の選択、財産権、相続、住居の選定、離婚並びに婚姻及び家族に関するその他の事項に関しては、法律は、個人の尊厳と両性の本質的平等に立脚して、制定されなければならない。

第二十五条　すべて国民は、健康で文化的な最低限度の生活を営む権利を有する。

②　国は、すべての生活部面について、社会福祉、社会保障及び公衆衛生の向上及び増進に努めなければならない。

〔新設〕

〔新設〕

第二十五条の四　国は、犯罪被害者及びその家族の人権及び処遇に配慮しなければならない。

（教育に関する権利及び義務等）

第二十六条　全て国民は、法律の定めるところにより、その能力に応じて、等しく教育を受ける権利を有する。

2　全て国民は、法律の定めるところにより、その保護する子に普通教育を受けさせる義務を負う。義務教育は、無償とする。

3　国は、教育が国の未来を切り拓く上で欠くことのできないものであることに鑑み、教育環境の整備に努めなければならない。

（勤労の権利及び義務等）

第二十七条　全て国民は、勤労の権利を有し、義務を負う。

2　賃金、就業時間、休息その他の勤労条件に関する基準は、法律で定める。

3　何人も、児童を酷使してはならない。

（勤労者の団結権等）

第二十八条　勤労者の団結する権利及び団体交渉その他の団体行動をする権利は、保障する。

〔新設〕

第二十六条　すべて国民は、法律の定めるところにより、その能力に応じて、ひとしく教育を受ける権利を有する。

②　すべて国民は、法律の定めるところにより、その保護する子女に普通教育を受けさせる義務を負ふ。義務教育は、これを無償とする。

〔新設〕

第二十七条　すべて国民は、勤労の権利を有し、義務を負ふ。

②　賃金、就業時間、休息その他の勤労条件に関する基準は、法律でこれを定める。

③　児童は、これを酷使してはならない。

第二十八条　勤労者の団結する権利及び団体交渉その他の団体行動をする権利は、これを保障する。

2　公務員については、全体の奉仕者であることに鑑み、法律の定めるところにより、前項に規定する権利の全部又は一部を制限することができる。この場合においては、公務員の勤労条件を改善するため、必要な措置が講じられなければならない。

（財産権）

第二十九条　財産権は、保障する。

2　財産権の内容は、**公益及び公の秩序**に適合するように、法律で定める。**この場合において、知的財産権については、国民の知的創造力の向上に資するように配慮しなければならない。**

3　私有財産は、正当な補償の下に、公共のために用いることができる。

（納税の義務）

第三十条　国民は、法律の定めるところにより、納税の義務を負う。

（適正手続の保障）

第三十一条　何人も、法律の定める適正な手続によらなければ、その生命若しくは自由を奪われ、又はその他の刑罰を科せられない。

〔新設〕

第二十九条　財産権は、これを侵してはならない。

②　財産権の内容は、公共の福祉に適合するやうに、法律でこれを定める。

③　私有財産は、正当な補償の下に、これを公共のために用ひることができる。

第三十条　国民は、法律の定めるところにより、納税の義務を負ふ。

第三十一条　何人も、法律の定める手続によらなければ、その生命若しくは自由を奪はれ、又はその他の刑罰を科せられない。

（裁判を受ける権利）
第三十二条　何人も、裁判所において裁判を受ける権利を有する。

（逮捕に関する手続の保障）
第三十三条　何人も、現行犯として逮捕される場合を除いては、裁判官が発し、かつ、理由となっている犯罪を明示する令状によらなければ、逮捕されない。

（抑留及び拘禁に関する手続の保障）
第三十四条　何人も、正当な理由がなく、若しくは理由を直ちに告げられることなく、又は直ちに弁護人に依頼する権利を与えられることなく、抑留され、又は拘禁されない。

2　拘禁された者は、拘禁の理由を直ちに本人及びその弁護人の出席する公開の法廷で示すことを求める権利を有する。

（住居等の不可侵）
第三十五条　何人も、正当な理由に基づいて発せられ、かつ、捜索する場所及び押収する物を明示する令状によらな

第三十二条　何人も、裁判所において裁判を受ける権利を奪はれない。

第三十三条　何人も、現行犯として逮捕される場合を除いては、権限を有する司法官憲が発し、且つ理由となつてゐる犯罪を明示する令状によらなければ、逮捕されない。

第三十四条　何人も、理由を直ちに告げられ、且つ、直ちに弁護人に依頼する権利を与へられなければ、抑留又は拘禁されない。又、何人も、正当な理由がなければ、拘禁されず、要求があれば、その理由は、直ちに本人及びその弁護人の出席する公開の法廷で示されなければならない。

第三十五条　何人も、その住居、書類及び所持品について、侵入、捜索及び押収を受けることのない権利は、第三十三

ければ、住居その他の場所、書類及び所持品について、侵入、捜索又は押収を受けない。ただし、第三十三条の規定により逮捕される場合は、この限りでない。

2　前項本文の規定による捜索又は押収は、裁判官が発する各別の令状によって行う。

（拷問及び残虐な刑罰の禁止）

第三十六条　公務員による拷問及び残虐な刑罰は、禁止する。

（刑事被告人の権利）

第三十七条　全て刑事事件においては、被告人は、公平な裁判所の迅速な公開裁判を受ける権利を有する。

2　被告人は、全ての証人に対して審問する機会を十分に与えられる権利及び公費で自己のために強制的手続により証人を求める権利を有する。

3　被告人は、いかなる場合にも、資格を有する弁護人を依頼することができる。被告人が自らこれを依頼することができないときは、国でこれを付する。

（刑事事件における自白等）

第三十八条　何人も、自己に不利益な供述を強要されない。

2　拷問、脅迫その他の強制による自白又は不当に長く抑留

条の場合を除いては、正当な理由に基いて発せられ、且つ捜索する場所及び押収する物を明示する令状がなければ、侵されない。

②　捜索又は押収は、権限を有する司法官憲が発する各別の令状により、これを行ふ。

第三十六条　公務員による拷問及び残虐な刑罰は、絶対にこれを禁ずる。

第三十七条　すべて刑事事件においては、被告人は、公平な裁判所の迅速な公開裁判を受ける権利を有する。

②　刑事被告人は、すべての証人に対して審問する機会を充分に与へられ、又、公費で自己のために強制的手続により証人を求める権利を有する。

③　刑事被告人は、いかなる場合にも、資格を有する弁護人を依頼することができる。被告人が自らこれを依頼することができないときは、国でこれを附する。

第三十八条　何人も、自己に不利益な供述を強要されない。

②　強制、拷問若しくは脅迫による自白又は不当に長く抑留

され、若しくは拘禁された後の自白は、証拠とすることができない。

3　何人も、自己に不利益な唯一の証拠が本人の自白である場合には、有罪とされない。

（遡及処罰等の禁止）

第三十九条　何人も、実行の時に違法ではなかった行為又は既に無罪とされた行為については、刑事上の責任を問われない。同一の犯罪については、重ねて刑事上の責任を問われない。

（刑事補償を求める権利）

第四十条　何人も、抑留され、又は拘禁された後、裁判の結果無罪となったときは、法律の定めるところにより、国にその補償を求めることができる。

第四章　国会

（国会と立法権）

第四十一条　国会は、国権の最高機関であって、国の唯一の立法機関である。

若しくは拘禁された後の自白は、これを証拠とすることができない。

③　何人も、自己に不利益な唯一の証拠が本人の自白である場合には、有罪とされ、又は刑罰を科せられない。

第三十九条　何人も、実行の時に適法であつた行為又は既に無罪とされた行為については、刑事上の責任を問はれない。又、同一の犯罪について、重ねて刑事上の責任を問はれない。

第四十条　何人も、抑留又は拘禁された後、無罪の裁判を受けたときは、法律の定めるところにより、国にその補償を求めることができる。

第四章　国会

第四十一条　国会は、国権の最高機関であつて、国の唯一の立法機関である。

（両議院）
第四十二条　国会は、衆議院及び参議院の両議院で構成する。

（両議院の組織）
第四十三条　両議院は、全国民を代表する選挙された議員で組織する。
2　両議院の議員の定数は、法律で定める。

（議員及び選挙人の資格）
第四十四条　両議院の議員及びその選挙人の資格は、法律で定める。この場合においては、人種、信条、性別、**障害の有無**、社会的身分、門地、教育、財産又は収入によって差別してはならない。

（衆議院議員の任期）
第四十五条　衆議院議員の任期は、四年とする。ただし、衆議院が解散された場合には、その期間満了前に終了する。

（参議院議員の任期）
第四十六条　参議院議員の任期は、六年とし、三年ごとに議員の半数を改選する。

第四十二条　国会は、衆議院及び参議院の両議院でこれを構成する。

第四十三条　両議院は、全国民を代表する選挙された議員でこれを組織する。
②　両議院の議員の定数は、法律でこれを定める。

第四十四条　両議院の議員及びその選挙人の資格は、法律でこれを定める。但し、人種、信条、性別、社会的身分、門地、教育、財産又は収入によつて差別してはならない。

第四十五条　衆議院議員の任期は、四年とする。但し、衆議院解散の場合には、その期間満了前に終了する。

第四十六条　参議院議員の任期は、六年とし、三年ごとに議員の半数を改選する。

(選挙に関する事項)

第四十七条　選挙区、投票の方法その他両議院の議員の選挙に関する事項は、法律で定める。**この場合においては、各選挙区は、人口を基本とし、行政区画、地勢等を総合的に勘案して定めなければならない。**

(両議院議員兼職の禁止)

第四十八条　何人も、同時に両議院の議員となることはできない。

(議員の歳費)

第四十九条　両議院の議員は、法律の定めるところにより、国庫から相当額の歳費を受ける。

(議員の不逮捕特権)

第五十条　両議院の議員は、法律の定める場合を除いては、国会の会期中逮捕されず、会期前に逮捕された議員は、その議院の要求があるときは、会期中釈放しなければならない。

(議員の免責特権)

第五十一条　両議院の議員は、議院で行った演説、討論又は表決について、院外で責任を問われない。

第四十七条　選挙区、投票の方法その他両議院の議員の選挙に関する事項は、法律でこれを定める。

第四十八条　何人も、同時に両議院の議員たることはできない。

第四十九条　両議院の議員は、法律の定めるところにより、国庫から相当額の歳費を受ける。

第五十条　両議院の議員は、法律の定める場合を除いては、国会の会期中逮捕されず、会期前に逮捕された議員は、その議院の要求があれば、会期中これを釈放しなければならない。

第五十一条　両議院の議員は、議院で行つた演説、討論又は表決について、院外で責任を問はれない。

（通常国会）
第五十二条　通常国会は、毎年一回召集される。
２　通常国会の会期は、法律で定める。

（臨時国会）
第五十三条　内閣は、臨時国会の召集を決定することができる。いずれかの議院の総議員の四分の一以上の要求があったときは、**要求があった日から二十日以内に臨時国会が召集され**なければならない。

（衆議院の解散と衆議院議員の総選挙、特別国会及び参議院の緊急集会）
第五十四条　**衆議院の解散は、内閣総理大臣が決定する。**
２　衆議院が解散されたときは、解散の日から四十日以内に、衆議院議員の総選挙を行い、その選挙の日から三十日以内に、特別国会が召集されなければならない。
３　衆議院が解散されたときは、参議院は、同時に閉会となる。ただし、内閣は、国に緊急の必要があるときは、参議院の緊急集会を求めることができる。
４　前項ただし書の緊急集会において採られた措置は、臨時のものであって、次の国会開会の後十日以内に、衆議院の同意がない場合には、その効力を失う。

第五十二条　国会の常会は、毎年一回これを召集する。
〔新設〕

第五十三条　内閣は、国会の臨時会の召集を決定することができる。いづれかの議院の総議員の四分の一以上の要求があれば、内閣は、その召集を決定しなければならない。

〔新設〕
第五十四条　衆議院が解散されたときは、解散の日から四十日以内に、衆議院議員の総選挙を行ひ、その選挙の日から三十日以内に、国会を召集しなければならない。
②　衆議院が解散されたときは、参議院は、同時に閉会となる。但し、内閣は、国に緊急の必要があるときは、参議院の緊急集会を求めることができる。
③　前項但書の緊急集会において採られた措置は、臨時のものであつて、次の国会開会の後十日以内に、衆議院の同意がない場合には、その効力を失ふ。

（議員の資格審査）

第五十五条　両議院は、各々その議員の資格に関し争いがあるときは、これについて審査し、議決する。ただし、議員の議席を失わせるには、出席議員の三分の二以上の多数による議決を必要とする。

（表決及び定足数）

第五十六条　両議院の議事は、この憲法に特別の定めのある場合を除いては、出席議員の過半数で決し、可否同数のときは、議長の決するところによる。

2　**両議院の議決は、各々その総議員の三分の一以上の出席がなければすることができない。**

（会議及び会議録の公開等）

第五十七条　両議院の会議は、公開しなければならない。ただし、出席議員の三分の二以上の多数で議決したときは、秘密会を開くことができる。

2　両議院は、各々その会議の記録を保存し、秘密会の記録の中で特に秘密を要すると認められるものを除き、これを公表し、かつ、一般に頒布しなければならない。

3　出席議員の五分の一以上の要求があるときは、各議員の

第五十五条　両議院は、各々その議員の資格に関する争訟を裁判する。但し、議員の議席を失はせるには、出席議員の三分の二以上の多数による議決を必要とする。

第五十六条　両議院は、各々その総議員の三分の一以上の出席がなければ、議事を開き議決することができない。

②　両議院の議事は、この憲法に特別の定のある場合を除いては、出席議員の過半数でこれを決し、可否同数のときは、議長の決するところによる。

第五十七条　両議院の会議は、公開とする。但し、出席議員の三分の二以上の多数で議決したときは、秘密会を開くことができる。

②　両議院は、各々その会議の記録を保存し、秘密会の記録の中で特に秘密を要すると認められるもの以外は、これを公表し、且つ一般に頒布しなければならない。

③　出席議員の五分の一以上の要求があれば、各議員の表決

表決を会議録に記載しなければならない。

（役員の選任並びに議院規則及び懲罰）

第五十八条　両議院は、各々その議長その他の役員を選任する。

2　両議院は、各々その会議その他の手続及び内部の規律に関する規則を定め、並びに院内の秩序を乱した議員を懲罰することができる。ただし、議員を除名するには、出席議員の三分の二以上の多数による議決を必要とする。

（法律案の議決及び衆議院の優越）

第五十九条　法律案は、この憲法に特別の定めのある場合を除いては、両議院で可決したとき法律となる。

2　衆議院で可決し、参議院でこれと異なった議決をした法律案は、衆議院で出席議員の三分の二以上の多数で再び可決したときは、法律となる。

3　前項の規定は、法律の定めるところにより、衆議院が両議院の協議会を開くことを求めることを妨げない。

4　参議院が、衆議院の可決した法律案を受け取った後、国会休会中の期間を除いて六十日以内に、議決しないときは、衆議院は、参議院がその法律案を否決したものとみなすことができる。

は、これを会議録に記載しなければならない。

第五十八条　両議院は、各々その議長その他の役員を選任する。

②　両議院は、各々その会議その他の手続及び内部の規律に関する規則を定め、又、院内の秩序をみだした議員を懲罰することができる。但し、議員を除名するには、出席議員の三分の二以上の多数による議決を必要とする。

第五十九条　法律案は、この憲法に特別の定のある場合を除いては、両議院で可決したとき法律となる。

②　衆議院で可決し、参議院でこれと異なつた議決をした法律案は、衆議院で出席議員の三分の二以上の多数で再び可決したときは、法律となる。

③　前項の規定は、法律の定めるところにより、衆議院が、両議院の協議会を開くことを求めることを妨げない。

④　参議院が、衆議院の可決した法律案を受け取つた後、国会休会中の期間を除いて六十日以内に、議決しないときは、衆議院は、参議院がその法律案を否決したものとみなすことができる。

（予算案の議決等に関する衆議院の優越）
第六十条　予算案は、先に衆議院に提出しなければならない。
2　予算案について、参議院で衆議院と異なった議決をした場合において、法律の定めるところにより、両議院の協議会を開いても意見が一致しないとき、又は参議院が、衆議院の可決した予算案を受け取った後、国会休会中の期間を除いて三十日以内に、議決しないときは、衆議院の議決を国会の議決とする。

（条約の承認に関する衆議院の優越）
第六十一条　条約の締結に必要な国会の承認については、前条第二項の規定を準用する。

（議院の国政調査権）
第六十二条　両議院は、各々国政に関する調査を行い、これに関して、証人の出頭及び証言並びに記録の提出を要求することができる。

（内閣総理大臣等の議院出席の権利及び義務）
第六十三条　内閣総理大臣及びその他の国務大臣は、議案について発言するため両議院に出席することができる。

第六十条　予算は、さきに衆議院に提出しなければならない。
②　予算について、参議院で衆議院と異なつた議決をした場合に、法律の定めるところにより、両議院の協議会を開いても意見が一致しないとき、又は参議院が、衆議院の可決した予算を受け取つた後、国会休会中の期間を除いて三十日以内に、議決しないときは、衆議院の議決を国会の議決とする。

第六十一条　条約の締結に必要な国会の承認については、前条第二項の規定を準用する。

第六十二条　両議院は、各々国政に関する調査を行ひ、これに関して、証人の出頭及び証言並びに記録の提出を要求することができる。

第六十三条　内閣総理大臣その他の国務大臣は、両議院の一に議席を有すると有しないとにかかはらず、何時でも議案について発言するため議院に出席することができる。又、

2　内閣総理大臣及びその他の国務大臣は、答弁又は説明のため議院から出席を求められたときは、出席しなければならない。**ただし、職務の遂行上特に必要がある場合は、この限りでない。**

（弾劾裁判所）

第六十四条　国会は、罷免の訴追を受けた裁判官を裁判するため、両議院の議員で組織する弾劾裁判所を設ける。

2　弾劾に関する事項は、法律で定める。

（政党）

第六十四条の二　国は、政党が議会制民主主義に不可欠の存在であることに鑑み、その活動の公正の確保及びその健全な発展に努めなければならない。

2　政党の政治活動の自由は、保障する。

3　前二項に定めるもののほか、政党に関する事項は、法律で定める。

第五章　内閣

（内閣と行政権）

答弁又は説明のため出席を求められたときは、出席しなければならない。

第六十四条　国会は、罷免の訴追を受けた裁判官を裁判するため、両議院の議員で組織する弾劾裁判所を設ける。

②　弾劾に関する事項は、法律でこれを定める。

〔新設〕

第五章　内閣

第六十五条　行政権は、**この憲法に特別の定めのある場合を除き、**内閣に属する。

（内閣の構成及び国会に対する責任）
第六十六条　内閣は、法律の定めるところにより、その首長である内閣総理大臣及びその他の国務大臣で構成する。
2　内閣総理大臣及び全ての国務大臣は、**現役の軍人であってはならない。**
3　内閣は、行政権の行使について、国会に対し連帯して責任を負う。

（内閣総理大臣の指名及び衆議院の優越）
第六十七条　内閣総理大臣は、国会議員の中から国会が指名する。
2　国会は、他の全ての案件に先立って、内閣総理大臣の指名を行わなければならない。
3　衆議院と参議院とが異なった指名をした場合において、法律の定めるところにより、両議院の協議会を開いても意見が一致しないとき、又は衆議院が指名をした後、国会休会中の期間を除いて十日以内に、参議院が指名をしないときは、衆議院の指名を国会の指名とする。

第六十五条　行政権は、内閣に属する。

第六十六条　内閣は、法律の定めるところにより、その首長たる内閣総理大臣及びその他の国務大臣でこれを組織する。
②　内閣総理大臣その他の国務大臣は、文民でなければならない。
③　内閣は、行政権の行使について、国会に対し連帯して責任を負ふ。

第六十七条　内閣総理大臣は、国会議員の中から国会の議決で、これを指名する。この指名は、他のすべての案件に先だつて、これを行ふ。
②　衆議院と参議院とが異なつた指名の議決をした場合に、法律の定めるところにより、両議院の協議会を開いても意見が一致しないとき、又は衆議院が指名の議決をした後、国会休会中の期間を除いて十日以内に、参議院が、指名の議決をしないときは、衆議院の議決を国会の議決とする。

（国務大臣の任免）
第六十八条　内閣総理大臣は、国務大臣を任命する。この場合においては、その過半数は、国会議員の中から任命しなければならない。
2　内閣総理大臣は、任意に国務大臣を罷免することができる。

（内閣の不信任と総辞職）
第六十九条　内閣は、衆議院が不信任の決議案を可決し、又は信任の決議案を否決したときは、十日以内に衆議院が解散されない限り、総辞職をしなければならない。

（内閣総理大臣が欠けたとき等の内閣の総辞職等）
第七十条　内閣総理大臣が欠けたとき、又は衆議院議員の総選挙の後に初めて国会の召集があったときは、内閣は、総辞職をしなければならない。
2　内閣総理大臣が欠けたとき、その他これに準ずる場合として法律で定めるときは、内閣総理大臣があらかじめ指定した国務大臣が、臨時に、その職務を行う。

（総辞職後の内閣）
第七十一条　前二条の場合には、内閣は、新たに内閣総理大臣が任命されるまでの間は、引き続き、その職務を行う。

第六十八条　内閣総理大臣は、国務大臣を任命する。但し、その過半数は、国会議員の中から選ばれなければならない。
②　内閣総理大臣は、任意に国務大臣を罷免することができる。

第六十九条　内閣は、衆議院で不信任の決議案を可決し、又は信任の決議案を否決したときは、十日以内に衆議院が解散されない限り、総辞職をしなければならない。

第七十条　内閣総理大臣が欠けたとき、又は衆議院議員総選挙の後に初めて国会の召集があつたときは、内閣は、総辞職をしなければならない。
〔新設〕

第七十一条　前二条の場合には、内閣は、あらたに内閣総理大臣が任命されるまで引き続きその職務を行ふ。

（内閣総理大臣の職務）
第七十二条　内閣総理大臣は、行政各部を**指揮監督し、その総合調整を行う。**
2　内閣総理大臣は、内閣を代表して、議案を国会に提出し、並びに一般国務及び外交関係について国会に報告する。
3　内閣総理大臣は、最高指揮官として、国防軍を統括する。

（内閣の職務）
第七十三条　内閣は、他の一般行政事務のほか、次に掲げる事務を行う。
一　法律を誠実に執行し、国務を総理すること。
二　外交関係を処理すること。
三　条約を締結すること。ただし、事前に、やむを得ない場合は事後に、国会の承認を経ることを必要とする。
四　法律の定める基準に従い、国の公務員に関する事務をつかさどること。
五　**予算案及び法律案**を作成して国会に提出すること。
六　法律の規定に基づき、政令を制定すること。ただし、政令には、特にその法律の委任がある場合を除いては、

第七十二条　内閣総理大臣は、内閣を代表して議案を国会に提出し、一般国務及び外交関係について国会に報告し、並びに行政各部を指揮監督する。
〔新設〕
〔新設〕
第七十三条　内閣は、他の一般行政事務の外、左の事務を行ふ。
一　法律を誠実に執行し、国務を総理すること。
二　外交関係を処理すること。
三　条約を締結すること。但し、事前に、時宜によつては事後に、国会の承認を経ることを必要とする。
四　法律の定める基準に従ひ、官吏に関する事務を掌理すること。
五　予算を作成して国会に提出すること。
六　この憲法及び法律の規定を実施するために、政令を制定すること。但し、政令には、特にその法律の委任があ

義務を課し、又は権利を制限する規定を設けることができない。

七　大赦、特赦、減刑、刑の執行の免除及び復権を決定すること。

（法律及び政令への署名）

第七十四条　法律及び政令には、全て主任の国務大臣が署名し、内閣総理大臣が連署することを必要とする。

（国務大臣の不訴追特権）

第七十五条　国務大臣は、その在任中、内閣総理大臣の同意がなければ、公訴を提起されない。ただし、国務大臣でなくなった後に、公訴を提起することを妨げない。

第六章　司法

（裁判所と司法権）

第七十六条　全て司法権は、最高裁判所及び法律の定めるところにより設置する下級裁判所に属する。

2　特別裁判所は、設置することができない。行政機関は、最終的な上訴審として裁判を行うことができない。

3　全て裁判官は、その良心に従い独立してその職権を行

る場合を除いては、罰則を設けることができない。

七　大赦、特赦、減刑、刑の執行の免除及び復権を決定すること。

第七十四条　法律及び政令には、すべて主任の国務大臣が署名し、内閣総理大臣が連署することを必要とする。

第七十五条　国務大臣は、その在任中、内閣総理大臣の同意がなければ、訴追されない。但し、これがため、訴追の権利は、害されない。

第六章　司法

第七十六条　すべて司法権は、最高裁判所及び法律の定めるところにより設置する下級裁判所に属する。

②　特別裁判所は、これを設置することができない。行政機関は、終審として裁判を行ふことができない。

③　すべて裁判官は、その良心に従ひ独立してその職権を行

い、この憲法及び法律にのみ拘束される。

（最高裁判所の規則制定権）

第七十七条　最高裁判所は、裁判に関する手続、弁護士、裁判所の内部規律及び司法事務処理に関する事項について、規則を定める権限を有する。

2　検察官、弁護士その他の裁判に関わる者は、最高裁判所の定める規則に従わなければならない。

3　最高裁判所は、下級裁判所に関する規則を定める権限を、下級裁判所に委任することができる。

（裁判官の身分保障）

第七十八条　裁判官は、次条第三項に規定する場合及び心身の故障のために職務を執ることができないと裁判により決定された場合を除いては、第六十四条第一項の規定による裁判によらなければ罷免されない。行政機関は、裁判官の懲戒処分を行うことができない。

（最高裁判所の裁判官）

第七十九条　最高裁判所は、その長である裁判官及び法律の定める員数のその他の裁判官で構成し、最高裁判所の長である裁判官以外の裁判官は、内閣が任命する。

2　最高裁判所の裁判官は、その任命後、**法律の定めるとこ**

ひ、この憲法及び法律にのみ拘束される。

第七十七条　最高裁判所は、訴訟に関する手続、弁護士、裁判所の内部規律及び司法事務処理に関する事項について、規則を定める権限を有する。

②　検察官は、最高裁判所の定める規則に従はなければならない。

③　最高裁判所は、下級裁判所に関する規則を定める権限を、下級裁判所に委任することができる。

第七十八条　裁判官は、裁判により、心身の故障のために職務を執ることができないと決定された場合を除いては、公の弾劾によらなければ罷免されない。裁判官の懲戒処分は、行政機関がこれを行ふことはできない。

第七十九条　最高裁判所は、その長たる裁判官及び法律の定める員数のその他の裁判官でこれを構成し、その長たる裁判官以外の裁判官は、内閣でこれを任命する。

②　最高裁判所の裁判官の任命は、その任命後初めて行はれ

ろにより、国民の審査を受けなければならない。

3　前項の審査において罷免すべきとされた裁判官は、罷免される。

〔削除〕

4　最高裁判所の裁判官は、法律の定める年齢に達した時に退官する。

5　最高裁判所の裁判官は、全て定期に相当額の報酬を受ける。この報酬は、在任中、**分限又は懲戒による場合及び一般の公務員の例による場合を除き、**減額できない。

（下級裁判所の裁判官）

第八十条　下級裁判所の裁判官は、最高裁判所の指名した者の名簿によって、内閣が任命する。その裁判官は、**法律の定める任期を限って任命され、**再任されることができる。ただし、法律の定める年齢に達した時には、退官する。

2　**前条第五項の規定は、下級裁判所の裁判官の報酬について準用する。**

（法令審査権と最高裁判所）

第八十一条　最高裁判所は、一切の法律、命令、規則又は処分が憲法に適合するかしないかを決定する権限を有する最

る衆議院議員総選挙の際国民の審査に付し、その後十年を経過した後初めて行はれる衆議院議員総選挙の際更に審査に付し、その後も同様とする。

③　前項の場合において、投票者の多数が裁判官の罷免を可とするときは、その裁判官は、罷免される。

④　審査に関する事項は、法律でこれを定める。

⑤　最高裁判所の裁判官は、法律の定める年齢に達した時に退官する。

⑥　最高裁判所の裁判官は、すべて定期に相当額の報酬を受ける。この報酬は、在任中、これを減額することができない。

第八十条　下級裁判所の裁判官は、最高裁判所の指名した者の名簿によつて、内閣でこれを任命する。その裁判官は、任期を十年とし、再任されることができる。但し、法律の定める年齢に達した時には退官する。

②　下級裁判所の裁判官は、すべて定期に相当額の報酬を受ける。この報酬は、在任中、これを減額することができない。

第八十一条　最高裁判所は、一切の法律、命令、規則又は処分が憲法に適合するかしないかを決定する権限を有する終

終的な上訴審裁判所である。

(裁判の公開)

第八十二条　裁判の口頭弁論及び公判手続並びに判決は、公開の法廷で行う。

2　裁判所が、裁判官の全員一致で、公の秩序又は善良の風俗を害するおそれがあると決した場合には、口頭弁論及び公判手続は、公開しないで行うことができる。ただし、政治犯罪、出版に関する犯罪又は第三章で保障する国民の権利が問題となっている事件の口頭弁論及び公判手続は、常に公開しなければならない。

第七章　財政

(財政の基本原則)

第八十三条　国の財政を処理する権限は、国会の議決に基づいて行使しなければならない。

2　財政の健全性は、法律の定めるところにより、確保されなければならない。

(租税法律主義)

審裁判所である。

第八十二条　裁判の対審及び判決は、公開法廷でこれを行ふ。

②　裁判所が、裁判官の全員一致で、公の秩序又は善良の風俗を害する虞があると決した場合には、対審は、公開しないでこれを行ふことができる。但し、政治犯罪、出版に関する犯罪又はこの憲法第三章で保障する国民の権利が問題となつてゐる事件の対審は、常にこれを公開しなければならない。

第七章　財政

第八十三条　国の財政を処理する権限は、国会の議決に基いて、これを行使しなければならない。

〔新設〕

第八十四条　租税を新たに課し、又は変更するには、法律の定めるところによることを必要とする。

（国費の支出及び国の債務負担）

第八十五条　国費を支出し、又は国が債務を負担するには、国会の議決に基づくことを必要とする。

（予算）

第八十六条　内閣は、毎会計年度の予算案を作成し、国会に提出して、その審議を受け、議決を経なければならない。

2　内閣は、毎会計年度中において、予算を補正するための予算案を提出することができる。

3　内閣は、当該会計年度開始前に第一項の議決を得られる見込みがないと認めるときは、**暫定期間に係る予算案を提出しなければならない。**

4　毎会計年度の予算は、法律の定めるところにより、国会の議決を経て、翌年度以降の年度においても支出することができる。

（予備費）

第八十七条　予見し難い予算の不足に充てるため、国会の議決に基づいて予備費を設け、内閣の責任でこれを支出することができる。

第八十四条　あらたに租税を課し、又は現行の租税を変更するには、法律又は法律の定める条件によることを必要とする。

第八十五条　国費を支出し、又は国が債務を負担するには、国会の議決に基くことを必要とする。

第八十六条　内閣は、毎会計年度の予算を作成し、国会に提出して、その審議を受け議決を経なければならない。

〔新設〕

〔新設〕

〔新設〕

第八十七条　予見し難い予算の不足に充てるため、国会の議決に基いて予備費を設け、内閣の責任でこれを支出することができる。

2　全て予備費の支出については、内閣は、事後に国会の承諾を得なければならない。

（皇室財産及び皇室の費用）

第八十八条　全て皇室財産は、国に属する。全て皇室の費用は、予算案に計上して国会の議決を経なければならない。

（公の財産の支出及び利用の制限）

第八十九条　公金その他の公の財産は、**第二十条第三項ただし書に規定する場合を除き、宗教的活動を行う**組織若しくは団体の使用、便益若しくは維持のため支出し、又はその利用に供してはならない。

2　公金その他の公の財産は、**国若しくは地方自治体その他の公共団体の監督が及ばない慈善、教育若しくは博愛の事業**に対して支出し、又はその利用に供してはならない。

（決算の承認等）

第九十条　内閣は、国の収入支出の決算について、全て毎年会計検査院の検査を受け、法律の定めるところにより、次の年度にその検査報告とともに**両議院に提出し、その承認を受けなければ**ならない。

2　会計検査院の組織及び権限は、法律で定める。

---

②　すべて予備費の支出については、内閣は、事後に国会の承諾を得なければならない。

第八十八条　すべて皇室財産は、国に属する。すべて皇室の費用は、予算に計上して国会の議決を経なければならない。

第八十九条　公金その他の公の財産は、宗教上の組織若しくは団体の使用、便益若しくは維持のため、又は公の支配に属しない慈善、教育若しくは博愛の事業に対し、これを支出し、又はその利用に供してはならない。

第九十条　国の収入支出の決算は、すべて毎年会計検査院がこれを検査し、内閣は、次の年度に、その検査報告とともに、これを国会に提出しなければならない。

②　会計検査院の組織及び権限は、法律でこれを定める。

3　内閣は、第一項の検査報告の内容を予算案に反映させ、国会に対し、その結果について報告しなければならない。

（財政状況の報告）
第九十一条　内閣は、国会に対し、定期に、少なくとも毎年一回、国の財政状況について報告しなければならない。

第八章　地方自治

（地方自治の本旨）
第九十二条　地方自治は、住民の参画を基本とし、住民に身近な行政を自主的、自立的かつ総合的に実施することを旨として行う。
2　住民は、その属する地方自治体の役務の提供を等しく受ける権利を有し、その負担を公平に分担する義務を負う。

（地方自治体の種類、国及び地方自治体の協力等）
第九十三条　地方自治体は、基礎地方自治体及びこれを包括する広域地方自治体とすることを基本とし、その種類は、法律で定める。
2　地方自治体の組織及び運営に関する基本的事項は、地方

〔新設〕

第九十一条　内閣は、国会及び国民に対し、定期に、少くとも毎年一回、国の財政状況について報告しなければならない。

第八章　地方自治

〔新設〕

〔新設〕

第九十二条　地方公共団体の組織及び運営に関する事項は、

自治の本旨に基づいて、法律で定める。

3　国及び地方自治体は、法律の定める役割分担を踏まえ、協力しなければならない。地方自治体は、相互に協力しなければならない。

（地方自治体の議会及び公務員の直接選挙）

第九十四条　地方自治体には、法律の定めるところにより、条例その他重要事項を議決する機関として、議会を設置する。

2　地方自治体の長、議会の議員及び法律の定めるその他の公務員は、当該地方自治体の住民であって**日本国籍を有する者**が直接選挙する。

（地方自治体の権能）

第九十五条　地方自治体は、その事務を処理する権能を有し、法律の範囲内で条例を制定することができる。

（地方自治体の財政及び国の財政措置）

第九十六条　地方自治体の経費は、条例の定めるところにより課する地方税その他の自主的な財源をもって充てることを基本とする。

2　国は、地方自治体において、前項の自主的な財源だけで

地方自治の本旨に基いて、法律でこれを定める。

〔新設〕

第九十三条　地方公共団体には、法律の定めるところにより、その議事機関として議会を設置する。

②　地方公共団体の長、その議会の議員及び法律の定めるその他の吏員は、その地方公共団体の住民が、直接これを選挙する。

第九十四条　地方公共団体は、その財産を管理し、事務を処理し、及び行政を執行する権能を有し、法律の範囲内で条例を制定することができる。

〔新設〕

は地方自治体の行うべき役務の提供ができないときは、法律の定めるところにより、必要な財政上の措置を講じなければならない。

3　第八十三条第二項の規定は、地方自治について準用する。

（地方自治特別法）

第九十七条　**特定の地方自治体の組織、運営若しくは権能について他の地方自治体と異なる定めをし、又は特定の地方自治体の住民にのみ義務を課し、権利を制限する**特別法は、法律の定めるところにより、その地方自治体の住民の投票において有効投票の過半数の同意を得なければ、制定することができない。

第九章　緊急事態

（緊急事態の宣言）

第九十八条　内閣総理大臣は、我が国に対する外部からの武力攻撃、内乱等による社会秩序の混乱、地震等による大規模な自然災害その他の法律で定める緊急事態において、特に必要があると認めるときは、法律の定めるところによ

第九十五条　一の地方公共団体のみに適用される特別法は、法律の定めるところにより、その地方公共団体の住民の投票においてその過半数の同意を得なければ、国会は、これを制定することができない。

〔新設〕

り、閣議にかけて、緊急事態の宣言を発することができる。

2　緊急事態の宣言は、法律の定めるところにより、事前又は事後に国会の承認を得なければならない。

3　内閣総理大臣は、前項の場合において不承認の議決があったとき、国会が緊急事態の宣言を解除すべき旨を議決したとき、又は事態の推移により当該宣言を継続する必要がないと認めるときは、法律の定めるところにより、閣議にかけて、当該宣言を速やかに解除しなければならない。また、百日を超えて緊急事態の宣言を継続しようとするときは、百日を超えるごとに、事前に国会の承認を得なければならない。

4　第二項及び前項後段の国会の承認については、第六十条第二項の規定を準用する。この場合において、同項中「三十日以内」とあるのは、「五日以内」と読み替えるものとする。

（緊急事態の宣言の効果）

第九十九条　緊急事態の宣言が発せられたときは、法律の定めるところにより、内閣は法律と同一の効力を有する政令を制定することができるほか、内閣総理大臣は財政上必要な支出その他の処分を行い、地方自治体の長に対して必要な指示をすることができる。

〔新設〕

2　前項の政令の制定及び処分については、法律の定めるところにより、事後に国会の承認を得なければならない。

3　緊急事態の宣言が発せられた場合には、何人も、法律の定めるところにより、当該宣言に係る事態において国民の生命、身体及び財産を守るために行われる措置に関して発せられる国その他公の機関の指示に従わなければならない。この場合においても、第十四条、第十八条、第十九条、第二十一条その他の基本的人権に関する規定は、最大限に尊重されなければならない。

4　緊急事態の宣言が発せられた場合においては、法律の定めるところにより、その宣言が効力を有する期間、衆議院は解散されないものとし、両議院の議員の任期及びその選挙期日の特例を設けることができる。

第十章　改正

第百条　この憲法の改正は、衆議院又は参議院の議員の発議により、両議院のそれぞれの総議員の過半数の賛成で国会が議決し、国民に提案してその承認を得なければならない。この承認には、法律の定めるところにより行われる国民の投票において有効投票の過半数の賛成を必要とする。

第九章　改正

第九十六条　この憲法の改正は、各議院の総議員の三分の二以上の賛成で、国会が、これを発議し、国民に提案してその承認を経なければならない。この承認には、特別の国民投票又は国会の定める選挙の際行はれる投票において、その過半数の賛成を必要とする。

2　憲法改正について前項の承認を経たときは、天皇は、直ちに憲法改正を公布する。

第十一章　最高法規

〔削除〕

（憲法の最高法規性等）
第百一条　この憲法は、国の最高法規であって、その条規に反する法律、命令、詔勅及び国務に関するその他の行為の全部又は一部は、その効力を有しない。
2　日本国が締結した条約及び確立された国際法規は、これを誠実に遵守することを必要とする。

（憲法尊重擁護義務）
第百二条　全て国民は、この憲法を尊重しなければならな

---

②　憲法改正について前項の承認を経たときは、天皇は、国民の名で、この憲法と一体を成すものとして、直ちにこれを公布する。

第十章　最高法規

第九十七条　この憲法が日本国民に保障する基本的人権は、人類の多年にわたる自由獲得の努力の成果であつて、これらの権利は、過去幾多の試錬に堪へ、現在及び将来の国民に対し、侵すことのできない永久の権利として信託されたものである。

第九十八条　この憲法は、国の最高法規であつて、その条規に反する法律、命令、詔勅及び国務に関するその他の行為の全部又は一部は、その効力を有しない。
②　日本国が締結した条約及び確立された国際法規は、これを誠実に遵守することを必要とする。

〔新設〕

い。

2 国会議員、国務大臣、裁判官その他の公務員は、この憲法を擁護する義務を負う。

附 則

(施行期日)

1 この憲法改正は、平成○年○月○日から施行する。ただし、次項の規定は、公布の日から施行する。

(施行に必要な準備行為)

2 この憲法改正を施行するために必要な法律の制定及び改廃その他この憲法改正を施行するために必要な準備行為は、この憲法改正の施行の日よりも前に行うことができる。

(適用区分等)

3 改正後の日本国憲法第七十九条第五項後段(改正後の第八十条第二項において準用する場合を含む。)の規定は、改正前の日本国憲法の規定により任命された最高裁判所の裁判官及び下級裁判所の裁判官の報酬についても適用する。

4 この憲法改正の施行の際現に在職する下級裁判所の裁判

第九十九条 天皇又は摂政及び国務大臣、国会議員、裁判官その他の公務員は、この憲法を尊重し擁護する義務を負ふ。

第十一章 補則

第百条 この憲法は、公布の日から起算して六箇月を経過した日から、これを施行する。

② この憲法を施行するために必要な法律の制定、参議院議員の選挙及び国会召集の手続並びにこの憲法を施行するために必要な準備手続は、前項の期日よりも前に、これを行ふことができる。

第百一条 この憲法施行の際、参議院がまだ成立してゐないときは、その成立するまでの間、衆議院は、国会としての権限を行ふ。

第百二条 この憲法による第一期の参議院議員のうち、その半数の者の任期は、これを三年とする。その議員は、法律の定めるところにより、これを定める。

官については、その任期は改正前の日本国憲法第八十条第一項の規定による任期の残任期間とし、改正後の日本国憲法第八十条第一項の規定により再任されることができる。

5　改正後の日本国憲法第八十六条第一項、第二項及び第四項の規定はこの憲法改正の施行後に提出される予算案及び予算から、同条第三項の規定はこの憲法改正の施行後に提出される同条第一項の予算案に係る会計年度における暫定期間に係る予算案から、それぞれ適用し、この憲法改正の施行前に提出された予算及び当該予算に係る会計年度における暫定期間に係る予算については、なお従前の例による。

6　改正後の日本国憲法第九十条第一項及び第三項の規定は、この憲法改正の施行後に提出される決算から適用し、この憲法改正の施行前に提出された決算については、なお従前の例による。

第百三条　この憲法施行の際現に在職する国務大臣、衆議院議員及び裁判官並びにその他の公務員で、その地位に相応する地位がこの憲法で認められてゐる者は、法律で特別の定をした場合を除いては、この憲法施行のため、当然にはその地位を失ふことはない。但し、この憲法によつて、後任者が選挙又は任命されたときは、当然その地位を失ふ。

田村重信

1953年、新潟県に生まれる。拓殖大学政経学部を卒業後、慶應義塾大学大学院法学研究科で「憲法と安全保障」を学ぶ。その後、宏池会(大平正芳事務所)勤務を経て、自由民主党本部に勤務。政務調査会で農林・水産、憲法、沖縄、安全保障政策等を担当。また橋本龍太郎政務調査会長の時代には政調会長室長を務め、橋本氏が自民党総裁になってからは総裁担当も務める。現在、政務調査会調査役として、外交、国防、インテリジェンス、テロ対策等を担当。党務のかたわら、慶應義塾大学大学院法学研究科非常勤講師(「日本の安全保障講座」担当)を務める。

著書には、『日本国憲法見直し論』(KKベストセラーズ)などがある。

講談社+α《プラスアルファ》新書 **640-1 C**

改《かい》正《せい》・日《に》本《ほん》国《こく》憲《けん》法《ぽう》

田《た》村《むら》重《しげ》信《のぶ》

2013年11月20日第1刷発行

発行者―――――― **鈴木 哲**
発行所―――――― **株式会社 講談社**
東京都文京区音羽2-12-21 〒112-8001
電話 出版部(03)5395-3532
販売部(03)5395-5817
業務部(03)5395-3615
デザイン―――――― **鈴木成一デザイン室**
カバー印刷―――― **共同印刷株式会社**
印刷―――――― **慶昌堂印刷株式会社**
製本―――――― **牧製本印刷株式会社**

定価はカバーに表示してあります。

落丁本・乱丁本は購入書店名を明記のうえ、小社業務部あてにお送りください。

送料は小社負担にてお取り替えします。

なお、この本の内容についてのお問い合わせは生活文化第三出版部あてにお願いいたします。

Printed in Japan
ISBN978-4-06-272831-7